B2B 기술영업의 길

B2B 기술영업의 길

김용 지음

한나래플러스

B2B 기술영업의 길

2020년 10월 13일 1판 1쇄 박음
2020년 10월 20일 1판 1쇄 펴냄

지은이 | 김용
펴낸이 | 한기철

편집 | 우정은, 이은혜
디자인 | 심예진
마케팅 | 조광재, 신현미

펴낸곳 | 한나래출판사
등록 | 1991. 2. 25. 제22-80호
주소 | 서울시 마포구 토정로 222 한국출판콘텐츠센터 309호
전화 | 02) 738-5637 · 팩스 | 02) 363-5637 · e-mail | hannarae91@naver.com
www.hannarae.net

ISBN 978-89-5566-241-2 13320

* 이 도서의 국립중앙도서관 출판예정도서목록(CIP)은 서지정보유통지원시스템 홈페이지(http://seoji.nl.go.kr)와 국가자료종합목록 구축시스템(http://kolis-net.nl.go.kr)에서 이용하실 수 있습니다. (CIP제어번호: CIP2020040393)

프롤로그 "B2B 기술영업인 여러분, 맨땅에 헤딩하지 맙시다!"

'Jack of all trade'라는 영어 표현이 있다. 뭐든지 척척 해내는 팔방미인 같은 사람을 두고 하는 말이다. 영업은 다양한 능력을 필요로 하는 업무이다. 그중에서도 기업을 대상으로 펼치는 B2B 기술영업은 거쳐야 할 단계도 많고 각 단계별로 수행해야 할 업무도 다양해서 가장 많은 역량을 필요로 한다고 볼 수 있다. 수많은 정보와 지식, 기술역량, 영업역량, 조직력, 그리고 이를 토대로 우러나오는 통찰력을 복합적으로 활용해야 하는 상당히 도전적인 업무로서 그야말로 'Jack of all trade'라는 표현이 걸맞은 분야이다.

이처럼 다재다능한 역량을 필요로 하는 B2B 기술영업 분야에 뛰어들고자 한다면, 무언가 좀 배우고 알고 시작해야 하지 않을까? 마케팅 업무를 하는 이들은 대개 경영학 또는 마케팅 분야 책을 통해 관련 지식과 노하우를 쌓으려 할 것이다. 실제로 서점에 가면 마케팅 기법에 관한 무수히 많은 책을 볼 수 있고 성공한 영업인의 다양한 경험담과 조언을 담은 실무 관련 책들도 손쉽게 접할 수 있다. 그런데 왜 영업 분야 중에서도 가장 많은 역량과 지식, 노하우가 필요한 B2B 기술영업 관련해서는 참고할 만한 책이 그다지 많지 않을까? 어렵게 연관이 될 법한 책을 찾더라도 실제 업무에 별로 도움이 되지 않는 수박 겉핥기 식의 내용을 담고 있거나, 영업 전략보다는 실무 요령에 집중하거나, 업무 현실을 반영하지 못하는 이론적인 내용에 치우쳐 있는 것이 많다.

B2B 기술영업 관련 도서를 찾다가 막막함과 안타까움을 느낀 후 '해외 수출로 먹고 사는 우리나라에서 B2B 기술영업에 실질적으로 참고할 만한 책이 이렇게도 부족하다니 이건 분명히 문제가 있다'라는 생각이 필자의 머릿속에서 떠나질 않았다. 이에 오랜 고민 끝에 'B2B 기술영업인들에게 조금이나마 보탬이 되기 위해 내가 지닌 지식과 경험을 공유해보자!'고 결심하게 되었다. 이것이 필자가 이 책을 쓰게 된 첫 번째 동기다.

필자는 기계공학 전공자로 공장 자동화 업계에서 기술지원 및 장비 개발 업무로 사회에 첫발을 내딛었고, 이후 해외 자동화 기기를 수출하는 벤처기업에서 B2B 기술영업 분야의 일을 하게 되었다. B2B 기술영업인으로서 업무 경력을 쌓아나가는 면에서 필자는 운이 좋았다. 영업을 하기 전에 기술을 먼저 접할 수 있었던 점이 그러하고, 영업의 첫발을 내딛은 회사가 기술 선진국인 독일, 일본, 미국의 내로라하는 첨단 자동화 기기 생산 회사들이 포진되어 있는 업계에서 기술력으로 똘똘 뭉쳐 전 세계를 무대로 내달리는 벤처기업이었기 때문이다. 나중에 본문에서 설명을 드리겠지만, 자사는 기술수용곡선에서 '선각수용자(early adopter)' 단계를 막 지나고 있었던 회사로 자칫 잘못하면 업계 주류로 성장하지 못하고 '캐즘(chasm)'이라는 난관에 부딪혀 한순간에 나락으로 떨어질 수도 있었다. (사실 이렇게 사라지는 업체들은 수도 없이 많다.)

전 직원이 50여 명이던 소규모 벤처기업의 해외 기술영업을 담당하면서 필자는 회사가 나락의 골짜기인 캐즘을 넘고, 2008년 금융위기를 넘어 거침없이 고속 성장의 길을 가는 데 함께 했다. 자사가 해당 분야에서 세계 정상의 자리에 오르기까지 수출의 역군으로서 당당히 한 축을 담당해왔다. 곤충으로 치면 유충에서 번데기를 지나 성충까지 성장하는 모든 과정을 경험한 것이다. 이러한 경험은 돈으로도 못 바꿀 소중한 것이다. 비유하자면 마치 골리앗을 무너뜨린 다윗처럼, 소규모 벤처기업이 기존 시장의 패러다임을 흔드는 파괴적 기술 혁신과 치밀한 영업 전략을 무기로 세계 유수의 기업들을 제치고 세계 정상의 위치에 도달한 교과서적인 경험이다. 그 과정에서 필자는 수없이 많은 고객사에서 연전연승의 짜릿함을 맛보았는데, 그것을 가능하게 해준 것은 저가 공세 전략도 아니고 강력한 인맥도 아닌, 바로 파괴적 기술 혁신에 바탕을 둔 철저한 기술영업 전략의 실행이었다. 필자가 체험한 성공 경험과 노하우는 B2B 기술영업의 성공 DNA가 되어 이제는 확신을 넘어 진리로서 각인되어 있다. 필자가 경험한 B2B 기술영업의 성공 DNA, 연관 지식, 노하우를 담아서 우리나라 수출의 역군인 B2B 기술영업인들에게 도움이 되고자 하는 것이 집필의 두 번째 동기다.

책을 쓰게 된 마지막 동기 역시 필자의 다양한 업무 경험에서 비롯되었다. 기계공학을 전공한 엔지니어로서 필자는 현장 기술 지원 및 자동화 장비 개발 경험이 있다. 그리고 프로덕트 매니저(product manager, PM)로서 신제품 개발을 기획하고 신시장 발굴까지 경험했다. 이러한 다양한 업무 배경은 필자가 기술영업에 뛰어들었을 때 영업 스킬 향상에 더해 시장과 제품 기술까지 폭넓게 바라볼 수 있게 해준 밑거름이 되었다. 뿐만 아니라 필자의 기술영업 경험을 훨씬 더 다채롭게 만들어주었으며 '기술영업을 효과적으로 수행하기 위해 무엇이 필요하고, 어떠한 과정을 거쳐야 하는 것인가'에 대한 통찰력을 얻는 데 상당한 도움이 되었다. 이에 필자의 이런 경험을 책에 잘 담아낸다면 이론과 영업 스킬을 소개하는 데 급급한 피상적인 수준의 책이 아니라, 현장의 기술영업인들에게 실질적인 도움을 줄 수 있고 공감을 얻을 수 있는 책이 될 수도 있겠다는 자신감과 소망을 안고 이 책을 집필하게 된 것이다.

필자가 B2B 기술영업을 막 시작했을 때부터 자주 들어온 이야기가 있다.

> "영업에 정답이 어디 있나? 직접 부딪쳐보고 맨땅에 헤딩을 해봐야 하는 거지."

이 말은 '누구나 하면 된다!'라는 자신감을 심어줄 수 있는 말일 수도 있지만, 사실 '답이 없다'라는 좌절감을 먼저 안겨주는 말이기도 하다. 필자에게도 그러했다. 그러나 이 책을 집필하는 시점에서 B2B 기술영업인들에게 이렇게 말씀드리고 싶다.

> "영업에는 정답이 없을 수 있겠지만, 적어도 B2B 기술영업에는 정답을 찾아가는 공식이 있습니다. 그걸 지금 제가 알려드리겠습니다. 그리고 기술영업하면서 절대로 사전 준비 없이 맨땅에 헤딩하지 마십시오. 좌절감의 고통만 먼저 맛보게 됩니다."

다시 강조하면, 이 책은 제대로 된 B2B 기술영업의 정답을 찾아가려는 독자들을 위한 책이다. 책에는 B2B 기술영업이란 무엇인지, 어떻게 수행해야 하는지, 근본적인 물음에 대하여 실질적으로 도움을 줄 수 있는 실무적인 내용을 담았다. 이 책은 크게 세 부분으로 나뉜다. 1장 B2B 기술영업의 이해에서는 기술영업의 개념을 명확히 정의하고, 기술영업 단계별로 어떠한 업무를 수행해야 하는지 설명하였다. 또 B2B 영업을 구성하는 4개의 핵심 조직(고객사, 자사, 파트너사, 경쟁사)과 B2B 시장의 특성을 상세히 서술하였다. 2장 B2B 기술영업 전략, 전술의 수립에서는 'B2B 기술영업 전략을 어떻게 세우고 성공적으로 수행할 것인가?'에 대하여 확실한 해답을 제시하고

자 했다. 이에 기술수용주기에 따른 영업 전략과 데이터베이스 기반 영업 전술의 수립·실행 방법을 실제 사례와 함께 소개하고, '파괴적 혁신'에 대응하여 지속적 성장을 이룰 수 있는 영업 전략을 모색하였다. 마지막으로 3장 B2B 기술영업의 추진에서는 실무에서 B2B 기술영업을 효율적으로 수행할 수 있는 구체적 실천방안을 명쾌히 제시하고, B2B 기술영업인들이 꼭 지녀야 할 역량이 무엇인지 강조하였다.

영업인들은 수주를 하기 위해서 부단한 시간과 노력을 쏟는다. B2B 영업인들은 수주 완료까지 최소 수개월에서 수년에 걸친 공을 들여야 한다. 필자가 이 책을 쓰는 데도 20년 가까운 시간 동안 B2B 기술영업과 연관해서 다양한 업무 경험이 필요했고, B2B 기술영업의 성공 신화를 써내려온 업체에서 업무 노하우를 축적하게 된 운도 필요했다. 아울러, 독자에게 꼭 필요한 내용과 사례를 고민하고 집필하는 데 또 몇 개월의 노력이 필요했다. 그런데 이 글을 읽고 있는 여러분은 이 모든 가치를 취하는 데 상대적으로 훨씬 짧은 시간을 들여도 되니, 이 얼마나 남는 장사인가? 스마트한 B2B 기술영업인으로서 남는 장사를 하시기 바란다. 그럼, 이제 진정한 B2B 기술영업인으로 거듭나기 위한 여정을 함께 떠나보자!

2020년 2월, 태국 치앙마이에서

김용

차례

02 B2B 기술영업 전략, 전술의 수립

03 B2B 기술영업의 추진

01

1 B2B 기술영업의 시작
2 B2B 시장의 이해
3 B2B 기술영업 단계의 이해

02

03

B2B 기술영업의 이해

불특정 다수의 일반 소비자를 상대로 진행하는 B2C 영업과 다르게, 일반적으로 B2B 영업에서는 우선 타깃팅(targeting)한 기업을 잠재 고객사로 명확하게 지정하고 나서 업무를 진행한다. 따라서 영업 담당자는 B2B 기술영업을 이루는 구성 요소와 전체적인 영업 프로세스(process)를 명확히 파악하고 업무를 진행하여야 한다. 영업 프로세스는 곧 영업의 적시성(timing) 및 상황에 따른 효과적인 전략 수립과도 연관되어 있다. 그러므로 B2B 영업의 프로세스와 구성 요소를 명확히 파악하지 못한 상태에서는 제대로 된 B2B 영업 전략을 수립하기 어렵고, 설사 수립해도 이를 효과적으로 추진하기가 힘들다. 결국 주먹구구식 영업을 구사하게 되고, 고객에게 끌려가거나 경쟁 관계에서 선점 효과를 놓쳐 소위 첫 단추부터 지는 게임을 시작하게 된다. 즉 영업을 잘하고 못하고는 그 기초인 B2B 영업의 프로세스와 구성 요소를 숙지하는 것에서부터 출발한다고 볼 수 있다.

1장에서는 B2B 기술영업의 핵심 구성 요소인 고객, 자사, 파트너사, 경쟁사의 관계를 살펴보고, 다양한 B2B 기술영업의 체제와 고객군 분류 방법 등을 알아보겠다. 아울러 B2B 기술영업 전체 프로세스와 각 단계에서 놓치지 말아야 할 핵심 사항을 짚어보겠다. 이제 막 B2B 기술영업의 세계에 들어서서 기본적인 개념과 전체적인 내용을 살펴보고자 하는 분, 현업에 종사하면서 업무 단계별 처리 노하우를 알고자 하는 분, 또는 국내 영업의 한계에 부딪혀 해외시장 진출로 사업 확장을 계획하고 있는 분들에게 이 장의 내용은 분명 도움이 될 것이다. 나아가 효과적인 기술영업 전략을 수립하고 체계적이고 조직적으로 전개하기 위한 밑거름이 될 것이다.

1 B2B 기술영업의 시작

B2B 기술영업을 이해하려면, 먼저 B2B 기술영업의 정의부터 살펴보아야 한다. 이번 절에서는 우리가 기술영업에 대해 오해하고 있는 부분은 무엇인지, B2B 기술영업의 올바른 정의는 무엇인지 서술하였다. 그리고 B2B 기술영업을 구성하고 있는 핵심 요소인 고객사, 자사, 경쟁사의 관계를 분명히 이해할 수 있도록 설명하였다. 이 3가지 핵심 구성원의 상호작용에 기반한 구체적인 영업 전략 수립 방법은 2장에서 자세하게 다룰 예정이니, 본격적인 전략 수립 방법을 논하기에 앞서 1장에서 관련 제반 지식을 먼저 이해하고 간다는 의미로 받아들이면 되겠다.

1-1 B2B, 그리고 기술영업의 정의

B2B는 Business to Business의 약자로 기업 간 거래를 지칭한다. 상대되는 개념은 B2C(Business to Customer)로 이는 우리가 알고 있는 대부분의 소비자를 대상으로 하는 기업의 소매·판매 활동을 지칭한다. 그렇다면 B2B 영업과 B2C 영업에는 무슨 차이점이 있을까? 가장 큰 차이점은 바로 '타깃팅(targeting)'에 있다. 일반적으로 B2B 영업은 타깃팅한 고객을 명확히 설정하고 시작하는 반면, B2C 영업은 대개 다수의 소비자를 상대로 전개된다.

물론, 모든 영업과 마케팅에서 타깃팅이 없는 경우는 없다. B2C에서도 사실 제품을 만들 때부터 마케팅 고전인 STP(Segmentation-Targeting-Positioning) 전략에 의거하여 시장을 세분화(segmentation)하고, 잠재 판매 고객군을 타깃팅하여 적절한 제품 포지셔닝(positioning)을 결정한다. 그러나 B2C와 B2B 영업의 차이점이라는 맥락에서 '타깃팅'의 의미와 마케팅 STP의 '타깃팅'의 의미는 다소 차이가 있다. STP 전략에서의 타깃팅은 소위 '잠재 고객군을 타깃팅한다'는 의미에서의 타깃팅이다. 반면, 필자가 언급하는 B2B 영업에서의 '타깃팅'은 실제로 구체적인 개별 잠재 고객사를 영업의 '타깃'으로 삼는다는 의미다. 예를 들어, B2C에서 새로운 화장품 출시에 앞서 잠재 고객군으로 도시에 거주하는 20대 직장 여성을 타깃팅해서 마케팅 전략을 수립한다면 이것은 STP의 '타깃팅'한 고객군이다. 마찬가지로 B2B에서도 휴대폰에 들어가는 신규 모바일(mobile) LED 디스플레이 패널 생산장비를 개발하는 데 해당 업계의 LED 디스플레이 제조사들을 타깃팅하는 것은 STP의 '타깃팅' 개념이다. 그러나 필자가 얘기하고자 하는 B2B만의 타깃팅이란, 여기서 한 단계 더 나아가 해당 제조사 군에서 '도대체 어느 업체를 우선적으로 공략할 것인지(타깃팅)?', 만일 공략에 성공한다면 '다음 타깃 고객사는 어디일지?' 등을 염두에 두고 공략 고객사를 구체적이고 명확하게 결정하는 것을 의미한다[그림 1-1]. 이것이 B2B가 B2C와 근본적으로 다른 가장 큰 이유이다.

이렇게 구체적인 개별 고객을 전략에 맞추어 단계별로 타깃팅하는 것 자체가 B2B 영업 전략의 핵심이기도 하다. 예를 들어, 앞서 언급한 LED 디스플레이 패널 생산장비가 경쟁사 장비 대비 성능보다

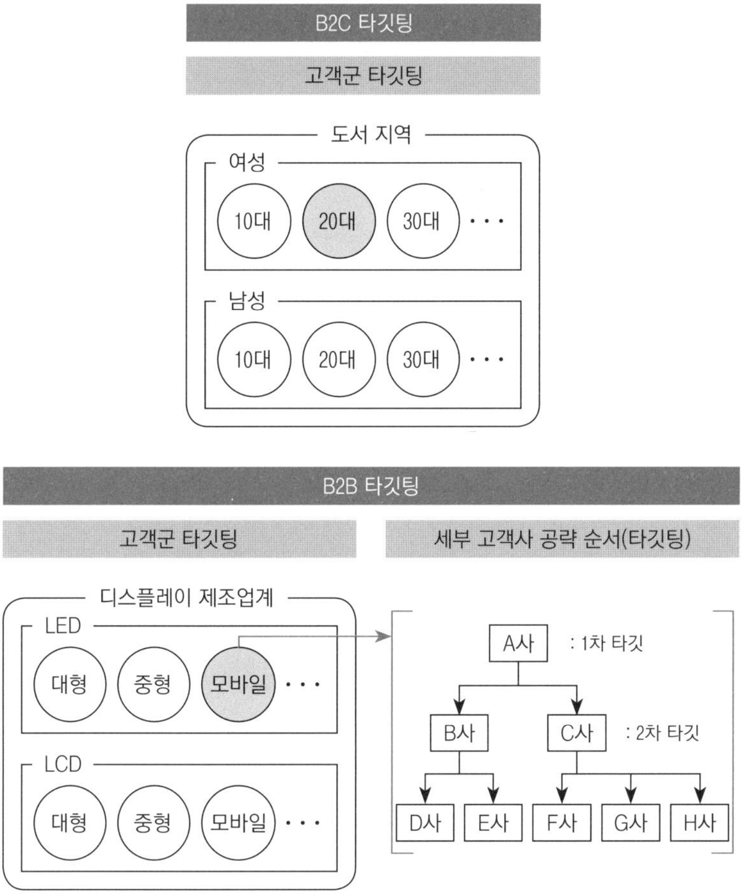

[그림 1-1] B2B와 B2C에서 타깃팅 개념의 차이

는 가격적인 면에서 경쟁력이 더 높다면, 품질을 우선시하는 업체보다는 납품 단가에 민감한 1차 또는 2차 납품업체(벤더, vendor) 중에서 영업 상황을 다차원적으로 고려해 타율이 가장 높은 곳을 먼저 공략하는 편이 나을 수 있다. 반면 개발된 장비가 성능적인 면에서 기존 장비에 비해 뚜렷한 기술적 차별화를 지닌다면, 납품 단가보다는 제조 품질 혁신이나 생산성 혁신의 가치를 비교적 높게 부여하는 고부가가치 제품을 생산하는 고객사 중에서 기술선각자(early adopter) 성향을 지니고 시장에서 영향력이 큰 특정 고객사를 1차 타깃으로 삼는 편이 더 낫다. 이것이 소위 말하는 '볼링 앨리(bowling alley)' 전략이다[그림 1-2]. (이에 관해서는 2장 2-1절 '볼링 앨리 전략' 편에서 자세히 다루도록 하겠다.)

한편, B2B 영업의 단계는 B2C에 비해 상대적으로 복잡하고 긴 편이다. 일반적으로 B2C에서는 무엇을(product), 어디에(place), 얼마에(price), 어떻게(promotion) 판매할지를 나타내는 '4P 마케팅 믹스'가 결정되고 개발이 완료되면 곧바로 시장에 출시하여 그때부터 매출이 발생되기 시작한다. 반면 B2B 영업에서는 제품을 출시하더라도 바로 매출이 발생하는 것이 아니라, 영업할 고객사를 타깃팅한 후 판매 기회를 엿보다가 니즈(needs)가 발견되면 그제야 제품을 프로모션(promotion)하게 된다. 경우에 따라서는 제품 성능을 평가하는 프로세스를 거친 후 품질에 이상이 없다고 판단되면 그다음부터 본격적으로 견적을 진행하고 구매 협상을 한다. 또 판매 완료 후에는 사후 관리를 진행해야 한다. 이렇듯 B2B에서는 여러 단계의 영업 프로세스가 존재하지만, 이 또한 일반적인 상황을 예로 든 것이지 항상 이 프로세스대로 흘러가는 것도 아니다. 때로는 먼저 견

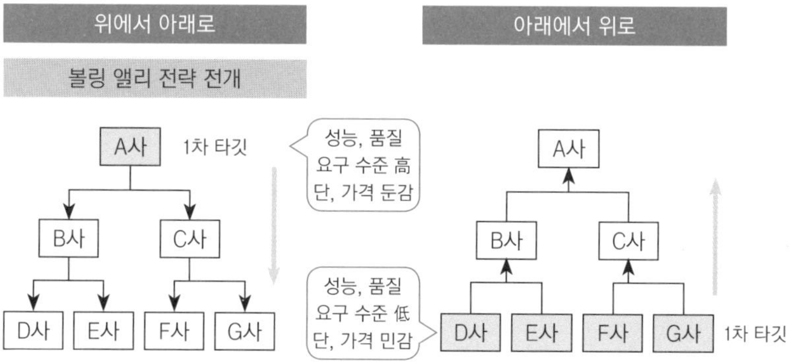

[그림 1-2] B2B 고객사 타깃팅 방향

적을 받고 제품 성능을 평가하기도 하고, 심지어 니즈 발견 시점부터 그에 맞는 제품 개발을 시작하기도 한다. 요컨대 B2B 영업은 일련의 단계를 거치면서 하나의 영업 프로세스를 전개해나가는 것이다. 그래서 B2B 영업에서 개별 고객사에 대한 영업활동을 통상 한 개의 프로젝트(project)라고 부르고, 이러한 프로젝트들을 관리하면서 영업활동을 수행해나가는 것을 프로젝트 매니지먼트(project management)라고 한다.

프로젝트는 산업별로, 그리고 그 규모에 따라 시작부터 수주를 완료할 때까지 적게는 수개월에서 많게는 수년까지 공을 들여야 한다. 그렇기에 업무 기간 면에서도 상대적으로 긴 호흡이 필요하다. 이처럼 B2B 영업은 비교적 대규모이고, 장기 레이스로 진행되는 업무이기 때문에 영업 담당자 혼자의 힘으로 추진하기에는 어려움이 따른다. 그러므로 반드시 전체 영업 단계에 걸친 영업 전략이 필요하고, 경우에 따라서는 자사 내부 연관 부서의 지원을 기반으로 하는 체계적인 조직력도 필요하다. 예를 들어, 프로젝트를 진행하고 있는 중에 고객사가 자사 제품과 경쟁사 제품 간의 성능 비교 자료를 요청하였다고 가정해보자. 이러한 업무를 제일 잘하는 부서가 어디일까? 일반적으로 시장 정보(market intelligence)를 담당하는 마케팅 부서일 것이다. 마케팅 부서에서 경쟁사 자료를 수집·분석하는 작업을 수행하면서 자사 제품과의 성능 비교 자료를 만들게 될 것이다. 그런데 이때 제품의 상세 기술을 분석해야 한다면, 마케팅 부서는 기술 분석을 전문적으로 할 수 있는 연구소나 기술 부서의 업무 협조가 필요하게 된다. 즉 B2B 영업의 핵심은 전사적인 시너지(synergy)와도 밀접한 연관이 있는 것이다. 이 시너지를 만들고 부서 간의 원활한 협조를 이루기 위해서는 '사일로 현상(silo effect)'이라 불리는 사내 부서 간 이기주의를 어떻게 타파할 것인지에 대해서도 알아야 하는데, 이 부분을 포함해서 영업 전략 및 세부적인 업무 프로세스에 관해서는 이후 각 장에서 자세히 다루겠다.

이제 기술영업의 정의에 대해서 알아보자. '기술영업'과 '영업'의 차이점은 무엇인가? 이를 제대로 이해하고 있다면, 이미 기술영업을 제대로 하고 있다고 말할 수 있다. 그런데 아직도 많은 B2B 업계 종사자들이 '기술영업? 그건 뭐 전자제품이나 장비를 판매하는 것이지. 해당 기술을 숙지해서 고객에게 잘 설명해주고 영업하는 거 아닌가?' 정도로 기술영업을 이해하고 있다. 결론부터 말하자면, 이 말은 반은 맞고 반은 틀렸다고 할 수 있다. 기술영업의 근간인 '기술을 알아야지 할 수 있다'라는 의미에서 반은 맞는 말이지만, 기술을 잘 안다고 누구나 기술영업을 잘할 수 있는 것은 결코 아니다. 기술영업에 대한 필자의 정의는 이렇다.

"기술영업은 제품의 기술을 제대로 파악한 후 특정 고객사와 영업 상황에 맞추어 그 기술이 왜 해당 고객사에 가치(value)가 있는지, 어떠한 가치가 있는지를 효과적으로 설명하는 것이다."

평생 특정 제품에 대한 개발과 기술 지원을 해와서 해당 제품의 기술에 대해 훤히 꿰뚫고 있는 엔지니어가 기술영업을 한다고 가정해보자. 이 사람에게 고객을 상대로 제품 설명을 하라고 하면 어느 누구보다도 더 자세하게 설명할 수 있을 것이다(물론 훌륭한 프레젠테이션 스킬도 필요하겠지만, 이건 기본적으로 습득한 상태라고 가정하자). 그렇다면 과연 우리는 이 엔지니어가 기술영업을 잘한다고 말할 수 있을까? 기술지식이 풍부하여 고객에게 잘 설명해줄 수 있다는 점에서는 훌륭하지만, 필자가 제시한 기술영업의 정의를 기준으로 보면 다음 2가지 사항이 빠져 있다.

◆ 첫 번째, 특정 고객사와 영업 상황에 대한 고려가 빠져 있다. 기술영업에서는 상황을 보고 할 말, 안 할 말을 골라서 해야 한다. 상황 판단 없이 무조건 고객에게 제품의 모든 기술 사양을 자세하게 알리는 것은 좋지 않다. 자칫 고객이 관심을 두고 있는 핵심 가치에 대한 설명이 소홀해질 수 있고, 청취자인 고객의 입장에서도 한꺼번에 많은 정보를 전달받는 것이어서 집중도가 떨어질 수 있다. 과유불급(過猶不及)인 것이다. 또한 잡다한 정보 제공에 집중하다가 시간에 쫓겨 자칫 중요하게 설명해야 하는 부분을 오히려 간략하게 설명하고 넘어가야 하는 불상사가 발생할 수도 있다. 실제로 대부분의 고객들은 기술영업사원이 기술 정보를 제공

하는 데 그다지 많은 기회와 시간을 할애해주지 않는다. 고객의 관점에서 볼 때 백화점식으로 나열된 기술 정보를 얻고자 한다면 그냥 카탈로그나 매뉴얼을 제공받지, 왜 소중한 시간을 할애해서 기술영업사원과 미팅을 진행하겠는가.

B2B에서 기술영업을 해야 하는 고객사는 중소기업, 대기업, 가성비 중시 기업, 품질 우선 기업 등 수없이 다양하다. 또 각각의 업체 내에서도 기술영업을 해야 할 부서의 이해관계자는 대표이사, 구매 담당자, 엔지니어, 생산 담당자 등 제각각이고, 이 모든 기업과 개별 부서 고객들의 관심사는 천차만별이다. 그러니 세부 기술 사양에 대한 이해도가 낮거나 아예 관심도 없는 고객사 대표이사에게 첨단기술이 어쩌고저쩌고 열변을 토한들 무슨 소용이 있겠는가. (당연히 이런 세부 기술 프레젠테이션은 고객사 기술 담당 엔지니어에게 해야 한다.) 요컨대 B2B 기술영업인이라면 모든 사람들의 입맛에 맞게 설명을 할 수 있어야 한다. 제품과 기술은 정해져 있지만, 그것을 설명하는 방식은 상황과 대상자에 따라서 수만 가지가 되어야 하는 것이다.

특정 고객사와 영업 상황을 고려한다는 것은 적절한 시점, 곧 적시성(timing)을 고려한다는 것을 의미한다. 아무리 좋은 가치를 설명한다고 해도 고객이 듣고 싶지 않을 때는 긍정적 효과를 거두기 힘들고, 오히려 이후에 제대로 설명할 수 있는 기회를 상실할 수 있다. 이런 점에서 영업은 '강태공의 낚시'에 비유할 수 있다. 강태공이 등용의 때를 기다리며 세월을 낚았듯 적절한 때를 기다리다가 고객의 귀가 열려 있는 최적의 타이밍을 낚아채 전달하고자 하는 가치를 명확히 전달해야 한다. 힘들게 잡은 기회라고 욕심이 지나쳐 설명이 장황해서는 안 된다. 이른바 '엘리베이터 피치(elevator pitch)'를 할 수 있어야 한다. 고객과 엘리베이터를 같이 탄 상황을 가정했을 때 고객이 내리기 전까지 그 짧은 시간 안에 자사 제품의 기술적 특장점과 우수성 등을 간결하고 강력하게 전달할 수 있어야 한다. 아무리 기술적 지식이 풍부해 자세하게 설명할 수 있다 한들, 고객의 상황이 엘리베이터 안에서 머무는 짧은 시간밖에는 할애해줄 수 없다면 뛰어난 기술 설명 능력이 무슨 소용이 있겠는가.

◆ 두 번째, '자사의 기술이 왜 타깃 고객에게 가치를 지니는지'에 대한 설명이 빠져 있다. 이는 기술영업의 핵심 사항으로 그냥 장황하게 기술 정보를 설명하는 것은 기술영업이라 할 수 없다. 기술 내레이션일 뿐이다. 예를 들어 기술지식에 해박한 영업사원이 고객사 생산 매니저에게 "우리가 이번에 출시한 신제품은 고성능 CPU를 장착했고, 최첨단 센서를 장착해서 성능이 월등히 높아졌고, 어쩌고저쩌고……" 하고 성실하게 설명을 했다고 치자. 제품 생산을 담당하고 있는 고객이 이러한 설명에 만족하고 당장 견적서를 요청할까? 견적서 요청은커녕 설명을 듣다가 답답하다는 듯 중간에 말을 자르고 '그래서 해당 신제품을 쓰면 우리가 생산하는 제품의 품질이 올라간다는 것인가요? 아니면 생산 효율이 올라간다는 것인가요? 우리 제품 중에서 제조 난이도가 높은 A제품에 적용 가능하다는 말입니까?' 하고 역으로 질문들을 쏟아낼지도 모른다. 고객의 입장에서 생각해보면, 그들은 제품 사양에 관심이 있는 것이 아니라 그 제품을 사용했을 때 자신들(고

객사)에게 무슨 가치와 이득이 돌아오는지에 관심이 있을 뿐이다. 그러므로 기술영업의 또 다른 핵심 사항은 '기술 내레이션' 마인드를 버리고 '가치 내레이션' 마인드로 전환해야 한다는 것이다. 이러한 고객 가치는 바로 마케팅에서 말하는 제품 고유의 강점(Unique Selling Proposition, USP)에 해당하는데, 이를 분명히 파악하기 위해서는 충분한 사전 조사를 통해 고객이 무엇을 원하는지를 명확히 파악할 수 있어야 한다. 그리고 그에 따른 맞춤형 전략의 수립과 실행이 뒤따라야 한다.

이렇게 필자가 내린 기술영업의 정의를 기준으로 앞서의 상황을 분석해보자[그림 1-3]. 완벽한 기술 이해도로 무장한 기술영업사원이 열정을 가지고 성실히 그리고 정확하게 제품 기술에 대해 설명을 했지만, 결국 제대로 된 기술영업을 수행한 것이 아니라 그냥 기술 내레이션을 수행한 것에 불과할 뿐이다. 그렇다면 현장에서 우리의 모습은 어떠한가? 아직도 기술에 대해 잘 알고 설명만 잘할 줄 알면 기술영업을 잘하는 것이라고 착각하고 있는가? 만일 그러하다면 더 큰 좌절을 경험하기 전에 하루빨리 그 착각에서 빠져나오길 바란다.

자사의 기술 가치를 고객에게 전달할 때는 필요한 시점에 전하는 것은 물론이고 상황에 맞게 '효과적'으로 전할 줄도 알아야 한다. 효과적인 전달은 바로 효과적인 프레젠테이션과도 직결된다. 효과적인 프레젠테이션 하면 지금은 고인이 된 애플사의 스티브 잡스를 꼽을 수 있다. 군더더기 없는 콘텐츠 구성에, 제품의 가치를 임팩트 있게 전달하는 잡스의 프레젠테이션은 완벽한 프레젠테이션이 어떤 것인지를 보여주는 대표적 예라고 할 수 있다. 그런데 이러한 효과적

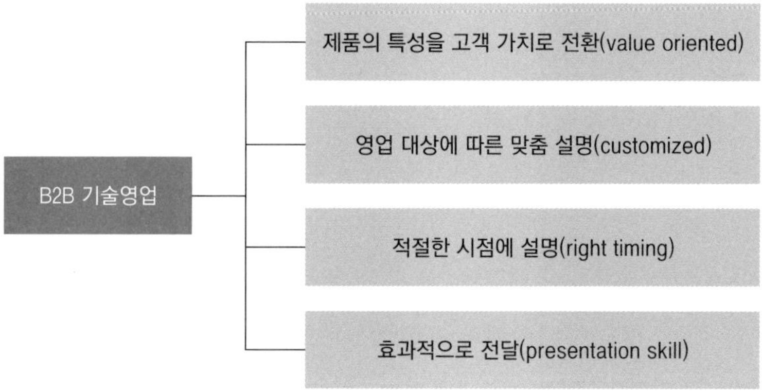

[그림 1-3] B2B 기술영업의 정의

인 전달 방식이 반드시 프레젠테이션일 필요는 없다. 경우에 따라 동영상이나 실제 제품의 작동 사례를 보여주는 것이 더 효과적일 수도 있다. 그리고 영업에서의 가치 전달은 사실 가치 설득에 가깝다. 우리는 고객에게 가치를 전달하는 것을 넘어 가치를 설득해야 한다. (효과적인 가치 설득에 대해서는 3장 1절 '기술영업 실무' 편에서 자세히 다루도록 하겠다.)

요컨대 효과적인 B2B 기술영업을 하려면 일단 기술을 제대로 이해하고 있어야 한다. 그런 다음 자신이 지닌 기술지식을 때와 상황을 가리지 않고 앵무새처럼 각계각층의 모든 고객에게 내레이션하는 것이 아니라, 고객의 상황과 관심도에 맞추어 적절한 시점에 전달할 수 있어야 한다. 이때 소개하고자 하는 기술을 고객의 가치로 재가공하여 가장 적합한 방식으로 전달하고 고객 설득을 이루어야 한다. 결론적으로 말해 기술을 아는 것은 사실 기술영업에서의 일부분에 불과하다. 필자는 기술영업에서 기술지식의 중요도는 10%도

안 된다고 생각한다. 기술지식에만 집착하는 영업사원은 오히려 영업의 하수라고 생각한다. 기술지식은 고객이 듣기를 원할 때 운운하는 것이다. 기술지식이 좀 부족하다고 기죽을 필요 없다. 기술영업에서는 기술지식을 고객의 가치로 바꿀 줄 아는 능력, 어떠한 상황에서 어떠한 가치를 고객에게 전달하는 것이 효과적일지를 파악할 수 있는 능력(통찰력)이 그 무엇보다 중요하다.

한편, 이러한 맥락에서 보면 B2B 기술영업이라고 해서 반드시 기술 집약적인 제품에만 국한되는 것은 아니다. B2B로 판매하는 모든 제품을 고객의 상황에 맞는 적절한 시점에, 해당 제품의 특징을 고객의 가치로 전환하여 프로모션해야 하는 것은 불변의 진리다. 모든 영업은 결국 '기, 승, 전, 가치'인 것이다.

1-2 고객사, 자사, 파트너사, 경쟁사

B2B 영업을 구성하는 4개의 핵심 조직은 우리의 상대인 '고객사', 우리 자신인 '자사', 우리와 같이 업무를 진행하는 '파트너사', 우리와 경쟁하는 '경쟁사'다. 이 4개의 조직에 대해 제대로 이해해야 우리는 B2B 영업을 효과적으로 수행할 수 있다.

먼저, 모든 B2B 영업의 기본이 되는 고객사와 자사의 관계를 논해보자. 이 둘의 관계를 단도직입적으로 표현해주는 말이 바로 '납품을 하느냐와 받느냐'이다. B2B에서 고객사를 정의하는 가장 기본적인 기준이 납품 관계라고 볼 수 있다. 그런데 이 납품 관계라는 것은 상당히 유동적이다. 일례로 우리가 잘 아는 삼성은 수많은 하청

업체로부터 납품을 받는 곳으로 B2B 영업에서 고객사의 최상단에 위치하는 듯 보인다. 하지만 이러한 삼성조차도 애플이나 구글에 하드웨어를 납품하는 상황에서는 하청의 위치에 서게 된다. 결국 B2B 영업에서 자유로운 기업은 존재하지 않는다고 볼 수 있다. 모든 기업이 하청업체의 고객사가 될 수 있고, 한편으로는 자신들이 하청업체가 되어 고객사에 B2B 영업을 해야 하는 것이다.

B2B 영업사원들이 일반적으로 착각하고 있는 것 중의 하나는 우리는 고객사로부터 반드시 뭔가(계약서, 발주서 등)를 얻어내야 하는 존재라고 생각하는 것이다. 그런데 성인군자가 아닌 이상 세상에 누가 받는 것 없이 맨날 일방적으로 주기만 하는 사람이 있겠는가. 물론, 고객은 자사로부터 재화나 서비스를 받고 대금을 지불하므로 상호 주고받는 관계라고 할 수 있다. 하지만 필자가 여기서 말하는 의미는 그러한 통상적인 교환 관계를 가리키는 것이 아니라, 고객이 왜 하필 많고 많은 경쟁사들 중에서 자사를 선택해 거래를 지속할 것이냐는 것이다. 결국 자사를 선택해서 거래를 지속하는 것 자체가 이미 고객은 우리에게 뭔가를 준 것이다. 자사의 제품, 서비스, 인맥 관계 등을 종합적으로 평가한 결과 자사와의 거래가 맘에 들어서 일종의 호의를 베푼 것이라고 봐야 한다. 그런데 이러한 고객의 호의가 자사는 고객에게 추가적으로 아무것도 제공하지 않는데 지속될 수 있을까? 비즈니스 관계에서 일방적인 호의란 있을 수 없다. 우리는 절대로 고객사를 속칭 '호갱'으로 보고 끝없이 뭔가를 받아내야 하는 존재로 인식해서는 안 되고, 항상 '받아내기 전에 주어야 하는' 존재로 인식해야 한다.

그렇다면 고객사에 무엇을 주어야 할까? 이에 관해서는 협상 편에서 자세히 다루겠지만, 결국 우리가 주어야 하는 것은 자사 입장에서 큰 손해나 부담 없이 줄 수 있는 것 중에서 '고객이 가치를 느낄 수 있는 것'이어야 한다. 다행히도 동일 재화나 서비스를 두고서도 고객사와 자사가 느끼는 가치가 다를 수 있기 때문에 자사가 부담 없이 줄 수 있는 것 중에서 고객사가 가치를 느낄 수 있는 무엇인가를 찾아낼 수 있다. 예를 들면 고객사에 대한 지속적인 관심과 사후 서비스 등이다. 참고로 가격 할인은 직접적인 자사의 이익률 감소로 이어질 수 있고, 지속적으로 제공하기 어렵기 때문에 협상 시 제일 나중에 고려해야 하는 사항이다. 가장 쉽지만 가장 최악의 방안인 것이다. 협상 대상이 고객사의 대표이사가 아닌 이상 구매부 직원에게 할인을 제공해준다 한들 (어느 정도의 업무 성과는 인정받겠지만) 큰 메리트로 받아들이지도 않기 때문에 굳이 고객의 요구 수준을 맞추기 위해 큰 출혈을 감내하면서 가격 할인을 제공할 필요가 없다.

다음으로, 자사와 파트너사의 관계를 알아보자. 파트너사는 B2B 영업을 진행할 때 판매 활성화의 일환으로 활용할 수 있는 일종의 유통 채널로서 대개 판매 및 유통을 책임진다. 물론 파트너사가 없어도 직접 모든 판매 유통망을 구축하고 B2B 영업을 진행할 수 있다. 그러나 특정 국가나 제한된 지역에서 특정 고객사만을 상대로 B2B 영업을 할 수는 없기 때문에 대부분 파트너사와의 협력이 필요하다. 파트너사가 필요한 가장 큰 이유는 지역별 나라별로 유통망이 상이하기 때문이고, 잠재 고객사와의 인맥이나 정보를 수집하는 데 자사의 역량만으로는 한계가 있기 때문이다. 결국 B2B 영업에서는 파트너사의 역량과 자사와의 상호협력 관계가 매출 결과에 지대한 영향을 미칠 수 있다.

파트너사는 계약 관계에 따라 크게 대리점과 판매점, 2가지 형태로 나눌 수 있다[표 1-1].

◆ 대리점은 에이전트(agent)라고 불리며, 고객사의 인맥을 담당하면서 로컬 지역의 판매를 도와주는 역할을 한다. 대리점은 자사에 잠재 고객사를 소개해주고 수주에 성공했을 시에는 자사로부터 소개비 명목의 수수료(commission)를 받는다. 이외에도 규모에 따라 추가적인 협업이 가능하지만, 일반적으로는 판매를 도와주고 수수료를 받는 것이 주된 역할이라고 볼 수 있다. 따라서 자사가 판매한 제품과 관련해서도 대리점은 법적으로 책임을 지지 않으며, 자사가 제품에 대한 모든 법적 권한과 책임을 진다. 영업 활동 역시 자사가 직접 수행해야 하는데 이로써 고객사를 직접 콘택트(contact)하고 인맥을 형성할 수 있다는 장점이 있는 반면, 대리점과 계약 파기 시에는 제공된 고객사 정보나 대리점을 통해 개발한 시장에 대해서 보상을 해주어야 하는 이슈가 발생할 수도 있다.

◆ 판매점은 디스트리뷰터(distributor) 또는 딜러(dealer)라고 불린다. 수수료만 받는 대리점과 달리 이들은 자체 유통망을 가지고 있기 때문에 자사의 제품을 넘겨받아 해당 지역에서 유통, 판매 및 서비스까지 전반적인 업무를 수행하고 수수료 관계 대신 'Buy & Sell' 형태를 띠게 된다. Buy & Sell이란 판매점에서 일

정한 가격으로 자사의 제품을 납품받은 후 해당 지역에서 알아서 자신들이 정한 가격에 판매를 하고 남은 차액을 수익으로 취하는 형태이다. 그러므로 자사의 입장에서 보면 매출 이익은 에이전트 대비 낮을 수밖에 없다. 그 대신 판매 과정에서 발생하는 비용이나 사후 서비스를 판매점에서 책임지므로 관련 비용이 적게 발생하는 이점도 있다. 판매점은 제품에 대한 해당 지역의 법적인 권한과 책임도 지게 된다.

자사의 입장에서 파트너사의 형태를 결정할 때 대리점 방식이 유리한지, 판매점 방식이 유리한지는 로컬 상황과 자사의 영업 방향에 맞추어 판단해야 한다[그림 1-4]. 예를 들어 자사가 해당 지역의 판매, 유통망, 법적인 문제에 대해서 잘 모르는 상태라면 당연히 판매점 형태가 유리하다. 단, 이 경우에는 앞서 말한 대로 매출 이익 면에서 제한적일 수밖에 없다. 또한 판매점의 규모가 클 경우에는 영업력과 시장 장악력 또한 막강하기 때문에 이를 빌미로 가격 협상에서 자사의 납품 단가를 후려치는 반면, 자신들은 시장에서의 판매가를 높여 이익을 극대화하려는 경향이 강하다. 게다가 이렇게 판매점이 중간에서 챙기는 고마진으로 인해 자사 제품이 자칫 구매 고객에게 가성비가 떨어지는 제품으로 인식될 수 있는 역효과를 야기할 수도 있다.

반면 자사가 해당 지역에 대해 잘 알고 있어서 직접 유통 체계를 관리하면서 추가적인 인맥의 도움을 받고자 한다면 대리점 방식이 더 적합할 것이다. 다만, 대리점의 경우 자사 제품의 프로모션에 대한 적극성이 판매점 대비 떨어질 수밖에 없고, 자사 제품에 대한 지식 또한 제한적일 수밖에 없어서 기술영업이 제대로 이루어지지 못

[표 1-1] 대리점과 판매점 비교

	대리점(agent)	판매점(distributor)
주요 거래 업무	제품 영업 및 고객사 소개	제품 판매, 유통, 서비스 및 시장 개척
자사와의 거래 방법	판매 수수료(commission) 기반	buy & sell 기반
고객사 영업	자사가 직접 영업활동을 수행할 필요가 있음	자사는 판매점 매출 관리, 지원 업무 위주로 수행함
영업 상황 파악	자사가 직접 영업하므로 파악하기 쉬움	판매점을 통해야 하므로 파악하기 어려움
제품에 대한 법적 책임	자사가 책임져야 함	판매점이 법적 책임을 짐
판촉 활동 비용	자사가 대부분의 비용을 집행함	판매점에서 비용을 집행함
계약 파기 관련	보상 요구 문제가 발생할 가능성이 있음	일반적으로 보상 문제가 없음

대리점 활용이 유리한 경우

- 자사가 시장을 잘 알고 있을 때
- 자사의 해당 시장 투자 여력이 충분할 때

판매점 활용이 유리한 경우

- 자사가 시장을 잘 모를 때
- 자사의 해당 시장 투자 여력이 불충분할 때

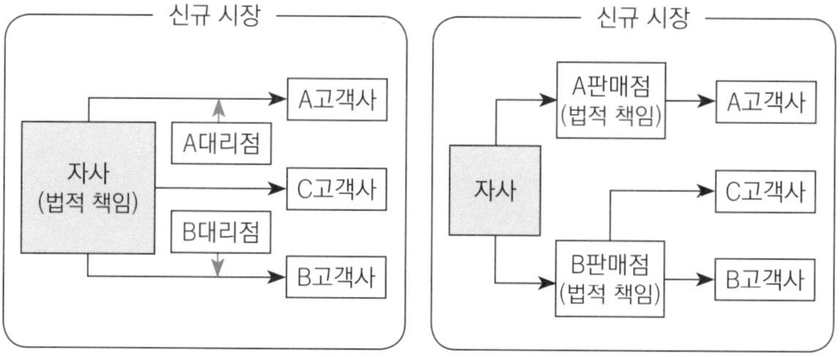

[그림 1-4] 대리점과 판매점 비교

할 가능성이 높은 만큼 기술영업 활동에 대한 자사 인력의 지원과 밀착 관리가 필수적이다. 일반적으로, 이제 막 해외 시장을 개척하는 업체라면 초창기에는 해당 시장을 잘 모르고 현지 투자 여력에도 한계가 있으며 유통 단계에서 어떠한 법적인 문제가 생길지 알기 어렵기 때문에 일단 판매점 관계를 맺는 것이 유리할 것이다. 그런 다음 시간이 흘러 해당 지역에서 판매 법인을 세워 안정적인 영업활동을 할 수 있다는 판단이 서면, 직접 유통 체계를 구축한 후 부가적으로 대리점을 두는 형태로 전환하는 것이 좋을 것이다. 나아가 최종적으로 자사가 완벽하게 판매망을 구축하였다고 판단되는 단계에서는 대리점 관계도 해지하고 100% 직판 체제로 전환할 수 있을 것이다.

마지막으로, 자사와 경쟁사의 관계에 대해서 논해보자. 신규 시장을 포착하여 제품을 출시했다면 초창기에는 당연히 자사의 제품만 존재하므로 해당 시장에서 독점적인 지위를 누릴 것이다. 하지만 그것도 잠시일 뿐, 기술적인 난이도와 진입장벽에 따라 시간 차이는 있을 수 있지만 해당 시장에서의 수익성이 높을수록 경쟁사의 출현 빈도는 높아지기 마련이다. 즉 B2B 영업에서의 경쟁은 필연적인 것이므로 경쟁사의 출현 시점, 경쟁사 출현 시 자사 제품의 기술·가격·포지셔닝(positioning) 전략까지 고려하여 영업 전략을 수립해야 할 것이다[그림 1-5].

반면, 신규 시장이 아닌 기존 시장에 뛰어들 경우에는 경쟁사가 존재하는 상태에서의 전략 수립이 필요하다. 이때는 자사 제품의 기술·가격·포지셔닝 전략이 더더욱 중요해지고 '어떻게 차별화할 것

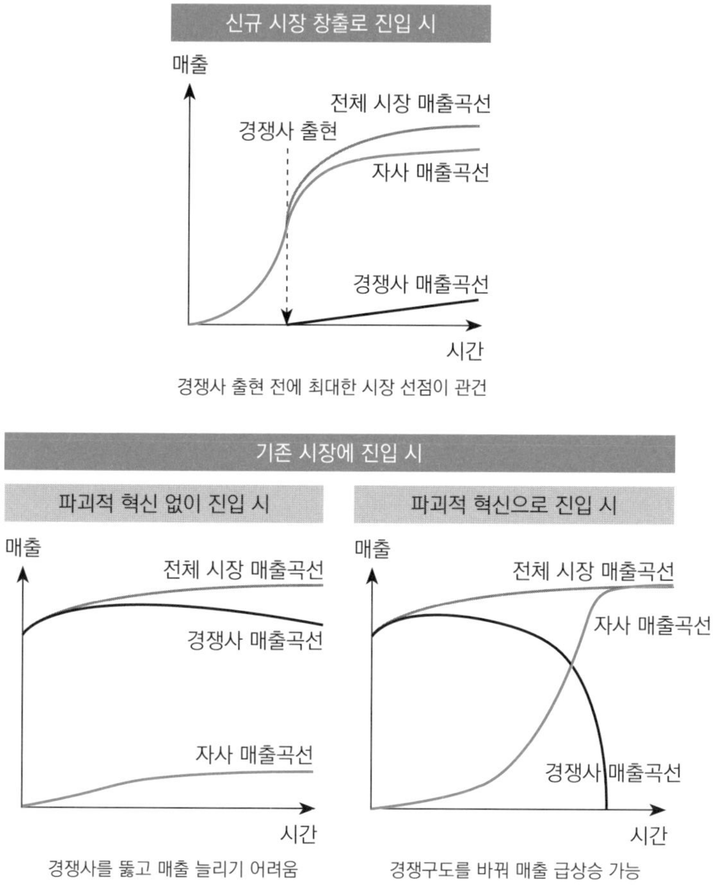

[그림 1-5] 신규 시장 진입 vs 기존 시장 진입

인가?'가 시장 진입의 성패를 좌우하게 될 수 있다. 경쟁사들이 구축한 기존 시장에 뛰어들 경우 자칫 경쟁사를 끝없이 추격만 하다가 실패할 확률이 높다. 경쟁사 역시 가만히 지켜보고 있지 않기 때문이다. 결국, 경쟁사들이 선점하고 있는 시장을 공략하려면 클레이튼 크리스텐슨(Clayton M. Christensen) 전 하버드경영대학원 교수가 말한 '파괴적 혁신'으로 대표되는 '차별화'를 이루어야 하는데, 이에 관해서는 2장 영업 전략 수립 편에서 자세하게 다루도록 하겠다. 파괴적 혁신을 통한 시장의 급격한 태세 전환을 제외하면, 시장 선점은 B2B 영업 전략 중에 핵심이라고 볼 수 있다. 경쟁을 쉽게 돌파하기 위해서는 시장을 일단 선점해야 한다. 《손자병법》에서도 성을 포위 공격하려면 그보다 3배 많은 군사력이 필요하다고 했다. 그만큼 수성보다 공성이 어려운 법이다.

이것만 기억하자!

B2B에서 타깃팅이란?

표적 시장에서 자사의 제품 특성과 영업 전략에 맞추어 고객사 공략 우선순위를 구체적이고 명확하게 결정하는 것을 의미한다.

제대로 된 B2B 기술영업이란?

제품의 기술을 이해한 후 이를 고객별로 맞춤형 가치로 전환하여 고객이 듣고자 하는 적절한 시점 내에 가장 효과적으로 전달(설득)하는 것이다.

고객 거래 관계에서의 핵심은 상호 윈-윈이다.

고객은 거래에서 우리가 무엇인가를 받아내기 전에 먼저 주어야 하는 존재다. 우리가 제공해야 할 것은 고객이 가치를 느끼는 것 중에서 자사의 부담을 최소화할 수 있는 것이다. 가격 할인은 자사의 부담이 크기 때문에 최후에 제공해야 하는 아이템이다.

대리점이냐? 판매점이냐?

대리점을 파트너사로 하면 자사가 고객과 직접적인 인맥을 형성할 수 있다는 강점이 있지만 문제 발생 시에는 법적 책임을 져야 한다. 판매점을 파트너사로 하면 자사가 고객과 직접적인 인맥을 형성하는 데 제약이 있지만 법적 책임에서 자유롭다. 어떤 방식을 취할지는 로컬 상황과 자사의 영업 방향에 맞추어 판단해야 한다.

상황과 시점에 따라 경쟁사 대응을 달리해야 한다.

신규 시장을 창출하면서 시장에 진입할 때는 이후 경쟁사 출현 시점에서 영업 전략의 변경이 필요하다. 반면 기존 시장에 진입할 때는 파괴적 혁신으로 대표되는 차별화를 이루어야 승산이 있다.

2 B2B 시장의 이해

B2B 영업의 성공률을 높이려면 상대방인 고객의 특성을 제대로 알아야 한다. 지피지기(知彼知己)해야 하는 것이다. 이 절에서는 B2B 영업을 수행하기에 앞서 필수적으로 알아야 할 고객 분류 기준과 몇 가지 시장의 특성에 대해서 살펴보겠다. 먼저 B2B 시장 내 고객에 대해서 지역별, 나라별, 종류별, 산업별 분류 기준에 따라 핵심적으로 알아야 할 내용을 설명하고, 다음으로 B2B 시장의 규모 및 매출 퍼텐셜을 분석할 때 알아야 할 사항에 대해 살펴보겠다. 마지막으로는 B2B 고객사 내부의 담당부서별로 어떠한 특성을 보이는지 알아보도록 하겠다.

고객사를 특정 기준으로 분류할 때 규모를 기준으로 대기업과 중소기업으로 간단하게 나눌 수 있겠지만, 사실 이 기준은 B2B 기술영업을 하는 데 별로 도움이 되지 못한다. 한편 고객사의 형태를 기준으로 분류하고 싶어도 산업별, 규모별, 생산방식별로 다양하여 여의찮을 수 있다. 사실 여기서 필자가 특정 기준으로 고객사를 분류해 설명하여도 각자의 산업에 딱 들어맞지 않을 수 있다. 그럼에도 B2B 영업의 상황을 고려하여 타깃팅이 가능하도록 적당한 기준을 가지고 고객사를 분류해보는 작업은 의미가 있다. 고객사를 제대로 분류할 수 있어야 이후 시장 분석, 영업 전략 수립 등의 업무를 수행할 때 고객사 분류를 그 기준으로 활용할 수 있기 때문이다. 따라서 필자의 경험을 바탕으로 고객사 분류 기준을 몇 가지 소개하겠다.

2-1 지역별, 나라별 특성의 이해

가장 기본적인 고객 분류 기준으로 지역별, 국가별 구분을 들 수 있다. 그 이유는 지역별, 국가별로 해당 시장의 특성이 다르기 때문이다. 예를 들면 소비자를 상대로 하는 B2C에서 북미, 유럽 등의 선진국 시장은 대부분 프리미엄(premium) 제품의 주요 판매처다. 반면 중국, 인도, 동남아시아 등의 신흥국 시장은 고가의 제품보다는 적당한 성능에 높은 가성비를 지닌 제품의 주요 시장이다. 휴대폰 판매 시장을 봐도 이 두 지역에서 주로 판매되는 모델은 확연히 차이를 보인다. 기업을 상대로 하는 B2B에서도 국가별, 지역별 고객사의 니즈에는 뚜렷한 차별점이 보인다. 기본적으로는 B2C에서 나타나는 선진국, 신흥국의 특성을 비교적 따라가지만 그렇다고 완전히 동일한 특성을 보이지는 않는다. 가령 중국, 인도, 동남아시아 등 신흥국에 속해 있는 상당수의 기업들은 사실 해당 국가의 로컬 기업이기보다는 글로벌 업체들의 자회사나 현지 공장이 많다. 때문에 신흥국 소비자의 기호처럼 낮은 가격대의 제품만을 무턱대고 선호하지는 않고, 오히려 본사의 방침에 맞추어 관련 요건을 충족하는 제품을 선호하기 마련이다. 이런 점에서 우리가 예상한 것과는 완전히 다르게 구매 패턴이 움직일 수 있는 것이다.

전 세계에 걸쳐 현지 공장을 보유하고 있는 다국적 기업인 A사의 예를 들어보자. A사는 중국에도 생산 기지가 있고 말레이시아와 멕시코에도 현지 공장이 존재하는데, 이 모든 현지 공장이 본사의 방침에 의거해 구매를 진행하게 된다. 따라서 A사를 공략하기 위해 열심히 현지 공장에 문을 두드리는 것보다 직접적으로 A사 본사의 핵심 담당자를 설득하는 데 공을 쏟는 것이 수주 확률을 높이는 지름길이다. 요컨대 B2B 고객사는 고객사의 지리적 위치보다는 해당 고객사가 어느 나라의 회사인지, 본사가 어느 국가에 속해 있는지가 중요할 수 있다. 그러므로 지역별 고객사 분석 시에는 고객사의 본사에 대한 분류가 고객사 구매 패턴별로 영업 전략을 짜는 데 필요한 요소이다. 이런 분석 없이 특정 지역의 고객사를 전부 한데 모아 구매 패턴을 분석하고 영업 전략을 논하는 것은 어불성설이고 엉터리 성과 분석과 전략을 만들어내는 일이다.

많은 기업들이 지역별로 고객사를 분류할 때 북미 시장, 유럽 시장, 동남아시아 시장 등으로 크게 묶어서 분석한다. 하지만 이러한 구분 역시 매출 분석이나 전략 수립 단계에 오류를 불러올 소지가 있다. 예를 들어, 북미 시장에는 미국, 캐나다도 있지만 멕시코도 포함되어 있다. 북미자유협정(NAFTA)으로 묶인 단일화된 경제권이기는 하지만, 시장을 분석하고 전략을 수립할 때 북미 시장을 좀더 세분화해서 크게 소비 위주 지역과 제조 위주 지역으로 나누어볼 수 있다. 먼저, 미국은 해당 지역 자체가 하나의 거대한 단일 소비 시장이고 선진국 소비 패턴을 따라가는 소비 위주 지역으로 분류할 수 있다. 이러한 지역의 고객사들은 주로 내수 시장을 타깃으로 고부가가치 제품을 생산하게 될 것이다. 인건비 또한 높기 때문에 구매할 장비 가격에 민감하기보다는 높은 수준의 자동화 기술력 및 인건비 절감 솔루션에 관심이 더 높을 수 있다. 자동화, 무인화를 추구하는 테슬라(Tesla)의 기가팩토리(Gigafactory)가 그 대표적인 예라고 볼 수 있다. 반면, 멕시코는 내수보다는 낮은 인건비 기반으로 대량생산을 진행하는 제조 위주 지역으로 분류할 수 있다. 멕시코에는 미국 시장 및 전 세계로 수출을 하는 글로벌 제조사들이 많이 포진되어 있을 것이다. 기아 자동차의 예를 보더라도 멕시코 몬테레이(Monterrey) 공장에서 생산되는 자동차들은 내수도 있겠지만 북미 지역 전체로 수출하는 물량도 상당할 것이다. 따라서 이 두 지역 고객사의 구매 요구사항은 달라질 수밖에 없고, 매출 분석 및 영업 전략도 해당 지역 고객사에 맞추어 각기 다르게 진행하는 것이 좋다.

유럽 지역도 북미 지역과 마찬가지로 소비 위주 지역과 제조 위주 지역의 개념을 적용하여 서유럽과 동유럽 시장으로 분류해볼 수 있다. 예를 들어 독일을 필두로 서유럽에 속하는 다수의 국가들은 미국과 동일하게 선진국형 소비 시장이면서 높은 인건비 문제에서 자유롭지 못할 것이다. 반면 루마니아, 헝가리, 폴란드, 체코와 같은 동유럽 국가에서는 멕시코처럼 낮은 인건비를 기반으로 수출 중심의 대량생산 체제의 고객사들이 다수 포진되어 있을 것이다.

이처럼 지역별, 나라별로 고객사의 특성에 따라 구매 협상 시에 고객사의 요구사항이 달라지기 때문에 B2B 영업에서는 고객을 세분화해 분석하고 맞춤형 영업 전략을 수립할 수 있어야 한다. 위에서 예로 든 중국, 동남아, 멕시코, 동유럽 등 제조 위주 지역에 속해 있는 고객사들은 일반적으로 대량생산 체재로 운영되기 때문에 생산에 차질을 빚지 않고 생산성 증대를 꾀할 수 있는 솔루션에 관심이 높을 것이다. 또 구매 수량도 많으므로 박리다매(薄利多賣)에 맞추어 구매가격에도 비교적 민감하게 반응할 수 있다. 반면 서유럽, 북미 지역에 속해 있는 고객사들은 제품 품질에 치중한 다품종 소량생산이나, 무인화, 자동화, 맞춤형 등에 대한 요구가 상대적으로 높을 것이다. 때문에 이러한 부분을 감안해 큰 틀에서 해당 지역의

B2B 영업 전략을 수립해야 한다.

2-2 산업별 특성의 이해

산업별로 고객사를 분류할 때 잊지 말아야 할 사항은 산업별 분류의 목적이 매출 분석과 영업 전략 수립에 있다는 것이다. 일반적으로 고객사를 산업별로 자세하게 분류하면 뭔가 분석을 더 잘할 수 있을 것 같지만, 세세하게 분류하다 보면 그만큼 분석해야 할 대상이 많아지고 영업 전략도 그만큼 많이 수립해야 한다. 만약 B2C 대표 유통 업계인 마트에서 소비자들의 구매 패턴을 분석하고 통합(grouping)한다면 그 경우의 수는 무한대가 될 것이다. 왜냐하면 모든 개인들의 구매 패턴은 각자의 개성, 요구사항, 상이한 입맛 등에 영향을 받으므로 결국 분석해야 할 정보가 무작위적인 빅데이터(big data)일 것이기 때문이다.

요컨대 B2B 시장에서 산업별 고객사 분류의 핵심은 얼마나 세세하게 구분하느냐에 있는 것이 아니라, 수많은 산업과 제품의 카테고리를 자사의 매출 분석 및 전략 수립에 연관 지어 유의미한 특정 기준으로 적절하게 통합하느냐에 있다. 그러므로 분류의 목적성이 명확해야 하고, 해당 목적에 부합하도록 적절한 산업 수만큼 분류하는 것이 중요하다. 또한 무슨 특성을 가지고 산업별로 묶을 것인지가 핵심이 된다. 예를 들어 휴대폰, 태블릿 PC, 카메라는 엄연히 다른 산업군 제품이지만 '휴대용'과 '전자기기'라는 공통점으로 묶어 휴대용 전자기기 산업군으로 묶어서 분석할 수 있다. 그렇다면

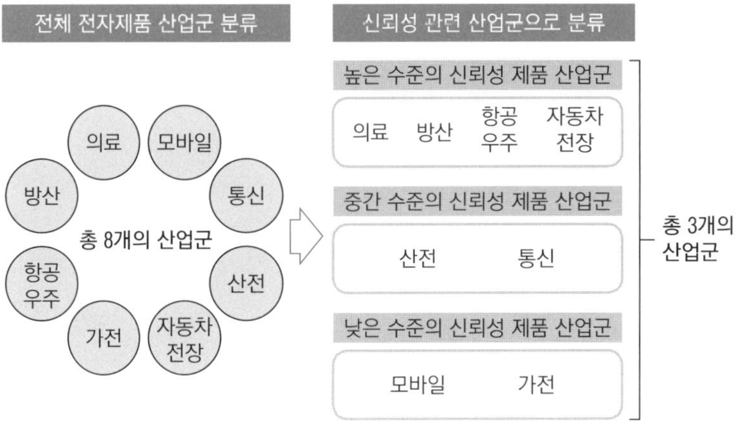

[그림 1-6] B2B 고객사 산업별 분류 기준

[그림 1-6]에서와 같이 전체 전자 산업군에서 의료, 방산, 항공우주, 자동차 전장 산업을 하나의 산업군으로 묶을 수 있을까? 분류 기준이 명확하다면 가능하다. 가령 이 네 산업은 안전성, 신뢰성을 극도로 요하는 제품군이라는 기준으로 하나로 묶어서 고객사의 구매 패턴을 분석해볼 수도 있다. 이럴 경우 안전성, 신뢰성 요구 수준을 기준으로 자사의 영업 전략이나 제품 전략을 세 단계로 분류해서 수립할 수 있을 것이다.

2-3 제조 방식에 따른 구분

제조 방식의 차이로 고객사를 구분해보는 작업도 의미가 있다. 고객사는 어떠한 제조 방식을 수행하고 있는지에 따라 제품 구매 시 확연히 다른 입장을 보일 수 있다. 따라서 제조 방식에 따른 구분을 통해 고객사의 구매 패턴을 예상할 수 있고 나아가 매출 분석, 영업 전략에도 도움을 줄 수 있다.

제조 방식에 따라 고객사는 크게 OEM, EMS, ODM 업체로 구분한다.

◆ OEM(Original Equipment Manufacturer) 업체는 우리가 잘 알고 있는 소비재 브랜드를 가지고 있는 기업들로 삼성, 애플, 델, BMW, 도요타, 현대 등이 이에 속한다. OEM 업체는 B2B에서 최종 고객사(end customer)를 지칭하며 최종 제품을 설계, 제조, 유통하는 곳이다. 예를 들어 삼성이나 화웨이(Huawei)는 자체적으로 휴대폰 제조라인을 가지고 직접 휴대폰을 생산하고 있다. 그렇지만 모든 부품을 자체적으로 수급하지는 않고 일부는 협력사, 즉 하청업체(vendor)로부터 구매해 사용한다. 하청업체란 OEM에 영업을 하고 수주를 해서 납품을 하는 모든 업체를 지칭한다. 이 하청 관계에서 B2B 사업이 시작된다고도 볼 수 있다. 하청업체는 납품 단계에 따라 다시 1차 벤더, 2차 벤더(1차 벤더에 납품하는 곳), 3차 벤더로 구분하는데 심지어 4차 벤더까지 존재한다. 이 모든 업체들이 B2B 영업에 속해 있는 것이다. 물론 OEM 업체라고 해서 B2B 영업의 범주에서 늘 제외되는 것은 아니다. OEM 업체 사이에서도 납품을 하는 기업, 납품을 받는 기업의 관계는 엄연히 존재하기 때문이다.

따라서 OEM의 정의가 중요하기보다는 납품을 주고, 받는 관계로 구분하는 것이 더 중요하다고 볼 수 있다. 하나의 제품을 바라보는 데 있어서 납품을 받는 업체와 납품을 하는 업체의 입장 차가 다르기 때문이다. 일반적으로, 납품을 받는 업체의 입장에서는 납품되는 제품의 품질이 중요할 수밖에 없고, 납품을 하는 업체의 입장에서는 높은 생산성이 중요할 수밖에 없다. 그러므로 B2B 영업 전략을 수립할 때는 타깃팅한 고객사가 이 두 상황 중에 어디에 속하는지를 파악하여 고객사의 가치에 맞는 영업 전략을 수립하는 것이 필요하다. 참고로, OEM이라는 의미가 위탁제조를 한다는 의미로도 혼용되는데 우리가 통상 'OEM 생산한다'는 의미로 쓰는 경우가 그것에 해당된다. 그러나 이는 다음에 설명할 ODM, EMS의 의미와 혼동될 여지가 있으므로 여기서는 OEM을 최종 고객사(원청 고객사)의 의미로만 한정하여 사용하도록 하겠다.

◆ EMS(Electro Manufacturing Service)는 하청업체에 속하면서 부품을 납품하는 것이 아니라, 특이하게 전자제품의 제조 자체를 서비스하는 형태의 업체를 말한다. 다시 말해 전자제품을 단순 하청 생산해주는 서비스 형태를 EMS라고 하는데, 하청 생산이라고 하여 규모가 영세한 업체만 떠올리면 큰 오산이다. 우리나라에서는 삼성, LG, 현대와 같은 대기업 위주로 산업이 발전하고 이들이 대부분 자체 제조라인을 가지고 있기 때문에 EMS 형태가 비교적 덜 활성화되었지만, 세계적으로는 엄청난 규모를 자랑하는 EMS 기업들이 존재한다. 애플 제품을 위탁생산하는 대만의 폭스콘(Foxconn)이나 페가트론(Pegatron) 등이 그 예다. 노트북 PC의 경우는 전 세계 제품의 90% 이상을 콴타(Quanta), 위스트

론(Wistron), 인벤텍(Inventec) 같은 대만의 EMS 기업들이 위탁 생산하고 있다. 이러한 위탁제조 기업들은 일반적으로 규모의 경제를 이루고 있다는 특성을 보인다. 개발 없이 위탁제조만 하므로 효율적인 제조에 집중되어 있는데, 그중 하나가 규모의 경제 효과를 활용하는 것이다. 예를 들면 생산에 필요한 요소 구매 단계에서부터 대량으로 구매하여 단가 절감을 수행한다. 그리고 생산의 규모 및 직원 수에 이르기까지 규모의 경제를 이루어 효율적인 제조를 수행한다.

◆ ODM(Original Design Manufacture)은 주문자 위탁 생산 방식이기는 한데, 자체 설계 및 개발 능력을 지닌 업체를 지칭한다. 대표적인 예로 최근에 뛰어난 가성비를 자랑하는 샤오미(Xiaomi)의 가전제품들이 바로 전형적인 ODM 업체에서 제조된 것이다. 샤오미가 출시하는 대부분의 가전 제품은 자체 개발한 것이 아니며, 샤오미는 브랜드의 적용과 유통을 담당한다.
이러한 ODM 납품 관계가 작동되는 원리는 브랜드 업체와 ODM 업체 간의 제조단가와 판매가격의 차이에 기반을 둔다. 유명한 브랜드 업체는 이미 브랜드 가치와 유통망을 구축한 상태로 브랜드 파워와 효율적인 유통, 판매 채널이 이윤을 창출하는 핵심 경쟁력이기 때문에 브랜드 마케팅을 통해 이를 더더욱 강화하는 데 초점을 맞추는 반면, 상대적으로 높은 인건비 수준으로 인해 제조단가는 올라갈 수밖에 없다. 이에 프리미엄 모델은 문제가 없지만 가성비 위주의 저가 모델의 경우에는 생산단가를 맞추기가 어렵게 된다. 반면 ODM 업체들은 브랜드 마케팅 비용을 투자할 필요가 없고 낮은 인건비를 기반으로 더 낮은 단가에 제조가 가능하지만, 브랜드 가치가 상대적으로 낮아서 비싸게 팔 수 없으므로 이윤 창출 면에서 불리하다. 결론적으로, ODM이 싸게 만들어서 OEM 업체의 브랜드 가치와 시장점유율을 활용해 높은 가격으로 대량 판매를 이루면 그 과정에서 ODM과 OEM 모두 이윤 창출을 이룰 수 있다. 이러한 방식의 예로 최근 삼성과 같은 휴대폰 업체들이 중국의 현지 제조사와 ODM 계약을 맺고 중저가 모델을 생산하고 있는 것을 들 수 있다.

2-4 시장 규모와 퍼텐셜 산정 방식의 이해

많은 이들이 B2B 타깃 시장의 예상 규모를 언급할 때 통상적으로, '금액으로 어느 정도의 퍼텐셜이 예상되는 시장'이라고 막연하게 언급하곤 한다. 그런데 이는 사실 매우 잘못된 방식이다. 시장 사이즈만 보고 그 시장이 매력적이라고 볼 수 있을까? 시장이 크다고 곧 자사가 판매할 수 있는 시장이 크다는 의미는 아니다. 예를 들어, 잠재 시장 규모는 크지만 자사가 진입하려고 보니 시장 자체가 이미 성장률의 정점을 지나 축소 단계에 들어섰을 수도 있다. 또 다수의 경쟁사들이 시장의 대부분을 이미 차지하고 있을 수도 있다. 따라서 B2B 시장의 규모는 보다 구체적으로 분석하고 예상해야 한다.

시장 규모를 구체적으로 예상하기 위해 꼭 알아두어야 할 개념으로 TAM, MPR, MGR을 꼽을 수 있다. 이외에도 여러 가지가 있겠지만, 이 3가지만 알아도 기술영업 담당자로서 충분히 시장 규모를 다각도로 분석할 수 있다. 자, 그럼 이에 대해서 차례대로 살펴보도록 하자.

◆ TAM(Total Available Market 또는 Total Addressable Market)은 전체 잠재시장 규모를 뜻한다. 예를 들어 자동차에 쓰이는 타이어를 생산 납품하는 업체가 있다고 가정해보자[그림 1-7]. 그러면 전체 모든 차종의 타이어 시장이 이 TAM에 속한다. 그러나 해당 업체에서 현재까지는 소형차에 들어가는 타이어만 제조 납품한다고 하면 실제 예상 시장 규모는 앞서의 TAM보다는 더 작아질 것이다. 이를 두고 SAM(Serviceable Available Market)이라고 지칭한다. 물론 해당 업체가 지속적인 연구 개발로 소형차 타이어뿐만 아니라 중대형차종용 타이어 및 트럭, 버스까지 확대 중이라면 앞서의 TAM이 유용한 정보가 될 것이다. 하지만 현재 영위 중인 중소형차종용 타이어 시장에서 점유율을 올리는 데만 주력한다면, TAM은 시장의 예상 규모에 대해 잘못된 추정을 야기할 소지가 있다. 그러므로 이럴 경우에는 오히려 SAM이나 다음에 소개할 MPR 또는 MGR이 의미가 있을 것이다.

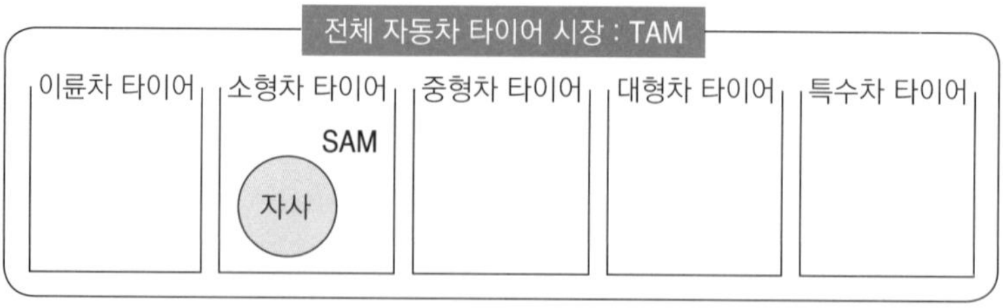

[그림 1-7] TAM의 개념(예: 자동차 타이어 시장)

- MPR(Market Penetration Rate)이란 잠새 시장에서 기존 경생사들이 얼마나 점유율을 차지하고 있는지에 대한 정보이다. 만일 경쟁사가 전무한 신규 시장에 최초 진입을 한다고 가정해보자. 그러면 당연히 MPR은 0%이며 자사가 시장에서 매출을 확보하는 대로 자사의 점유율에 맞추어 MPR도 올라갈 것이다. 예를 들어 [그림 1-8]에서와 같이 TAM이 100인 시장이 있다고 가정해보자. 왼쪽 이미지처럼 TAM만 고려해서 잠재 시장 규모를 예측한다면, 우리는 해당 시장의 규모를 100이라고 추정해볼 수 있다. 하지만 오른쪽 이미지처럼 시장의 MPR까지 고려한다면 사정이 달라진다. MPR이 80%, 즉 경쟁사가 이미 80% 이상의 시장점유율을 가지고 있는 상황이라면, 자사가 설령 100이라는 TAM을 기대하고 있다 하더라도 실제로 정상적으로 영업을 하여 차지할 수 있는 잠재 시장 규모는 20밖에 안 되는 것이고, 나머지 80은 경쟁사로부터 빼앗아야 하는 시장인 것이다. 공성이 수성보다 훨씬 어렵다는 것은 이미 언급했었다. 결국 이러한 시장 상황이라면, 아무리 TAM이 높아 매력적으로 보이더라도 신규 진입을 재고해보아야 할 것이다. 이러한 이유 때문에 우리는 타깃 시장의 예상 규모를 분석할 때 TAM이나 SAM 이외에 추가로 MPR도 분석해보아야 한다.

- MGR(Market Growth Rate)은 해당 시장이 얼마나 빨리 커지고 있는지 성장 속도를 나타내는 지표로, 시장 내에서 신규 수요가 지속적으로 창출되고 있다는 의미이다. MGR이 높은 시장은 성장 속도가 그만큼 빠르다고 볼 수 있다. [그림 1-9]를 보면 왼쪽은

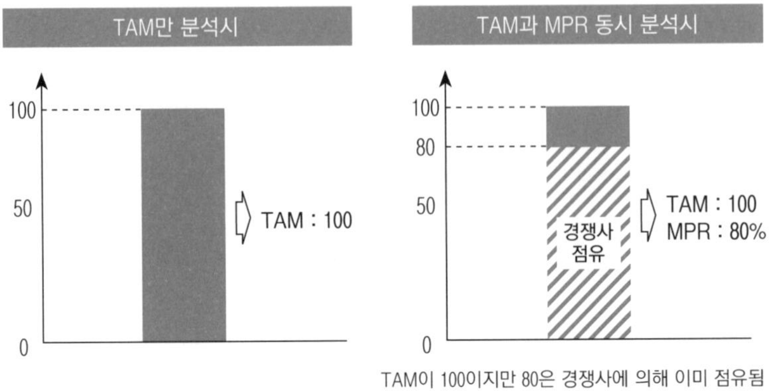

[그림 1-8] TAM과 MPR 분석을 통한 잠재 시장 규모

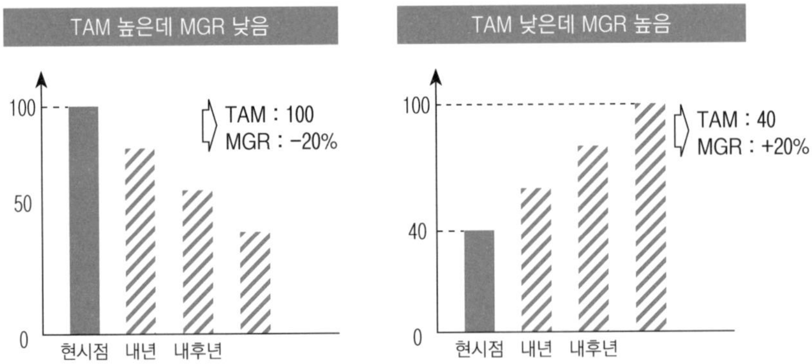

[그림 1-9] TAM과 MGR 분석을 통한 잠재 시장 규모

TAM이 100으로 높지만 MGR이 매년 -20%인 시장이다. 반면 오른쪽은 TAM이 40밖에 안 되지만 MGR이 매년 +20%인 시장이다. 이 두 시장 중에서 어느 곳이 더 매력적인 곳일까? TAM만 봤을 때는 왼쪽 시장이 크다고 할 수 있지만, 향후 성장성인 MGR까지 고려하면 오른쪽이 발전 가능성이 더 높은 시장이라고 할 수 있다. MGR이 높으면 기존 경쟁사들에 의해 완전히 점유당해서 MPR이 100%인 시장일지라도 진입하여 성공적인 비즈니스를 영위할 수 있다. 경쟁사에 의해 완전 잠식당한 시장이라 하더라도 MGR이 높아서 신규 고객사가 지속적으로 늘어나고 있으므로 자사가 진출하여 해당 시장을 신규로 공략해 매출을 끌어올릴 가능성이 충분히 있기 때문이다. 따라서 MGR도 타깃 시장의 예상 규모를 분석하는 데 TAM, MPR과 함께 꼭 고려해야 하는 지표이다.

2-5 고객 부서별 특성의 이해

이번에는 고객사에서 우리가 대면해야 하는 부서와 다양한 직책의 담당자들에 대해서 살펴보자. 산업별로 또 고객사의 규모별로 차이는 존재하지만, 일반적으로 고객사에서 우리가 영업활동을 진행해야 하는 부서는 ①자사 제품의 구매를 검토하는 구매검토부서와 ②실제 사용하는 사용부서, 이렇게 둘로 나눌 수 있다. 구매검토부서는 다시 제품의 기술적인 부분이나 사용성 성능 등을 검토하는 기술검토부서, 가격을 협상하고 구매 조건 등을 검토하는 구매부서

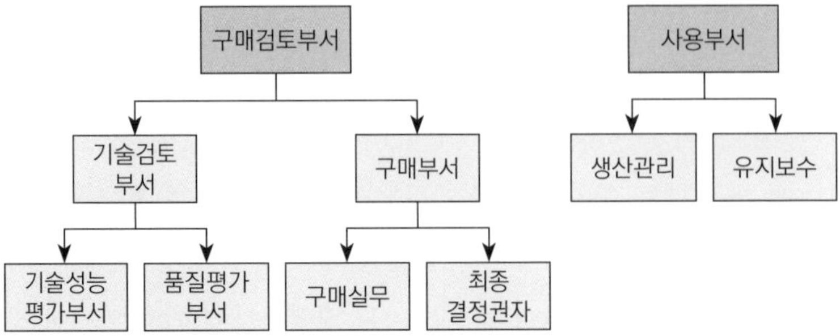

[그림 1-10] 영업활동을 진행해야 할 고객사 부서

로 분류할 수 있다. 또 고객사에 따라서 좀 더 세부적으로 기술검토 부서에 기술성능평가부서, 품질평가부서 등이 있을 수 있고 구매부서에는 최고 결정권자가 포함될 수도 있다. 사용부서에는 제조팀의 생산관리, 유지보수(보전), 품질관리부서 등이 존재할 수 있다[그림 1-10]. 이처럼 B2B 영업에서는 경우에 따라 다양한 부서의 담당자와 업무를 진행해야 하므로 이들 부서의 이해관계에 대해서 미리 알고 적절하게 대처할 수 있어야 한다.

고객사가 특정 제품의 구매 검토를 시작하게 되면 구매부서에서 직접 견적 의뢰가 올 수 있다. 하지만 기술 제품의 경우에는 구매부서에 앞서 기술검토부서(엔지니어링부서)에서 필요한 제품의 사양을 검토하는 단계가 선행되기 마련이다. 이때는 일반적으로 구매가격보다는 제품 성능의 적합성에 맞추어 제품을 검토하게 된다. 업체에 따라 다르겠지만, 일반적으로 복수의 업체의 사양을 검토하며 통상 3개 업체에 대해 기술 검토를 진행하게 된다. 이때 기술영업의 핵심 포인트는 고객사의 기술평가기준에 대해서 명확히 알고 있어야 한다는 점이다. 종종 이 부분을 간과하고 고객이 자사 제품을 검토해주는 것에만 집중해서 제품의 기술력 소개에만 열을 올리는 경우가 있는데, 앞에서도 언급했듯이 제품 기술에 대한 세부 사항은 카탈로그나 매뉴얼로 전달해도 된다. 그보다 더 중요한 것은 '도대체 고객사 기술부서에서 제품의 어떠한 성능에 꽂혀 있는가'를 파악하는 것이다. 고객이 직접 '우리는 어떠어떠한 성능을 만족하는 제품이 필요합니다'라고 자신들의 니즈를 명확하게 설명해줄 수도 있다. 그런데 이렇게 '표면화된 니즈'는 경쟁사들 역시 모두 파악하게 될 기본적인 것이다. 따라서 이 단계에서 중요한 것은 고객이 간과하고 우리에게 설명을 빠뜨린 '숨겨진 니즈', 그리고 고객도 모르고 있지만 사실 고객에게 절실한 '모르는 니즈'를 찾아내는 것이다.

이러한 고객의 니즈를 찾아내기 위해서 우리는 사전에 고객사의 사용환경이나 구매상황을 제대로 파악하고 고객사 대면에 임해야 한다. 아울러 여러 가지 열린 질문을 통해 고객의 숨겨진 니즈와 모르는 니즈를 파악하는 데 주력해야 한다. 열린 질문이란 상대방이 '예'나 '아니오'로 답하지 않고 서술형으로 답할 수 있도록 유도하는 질문이다. 이를 통해서 자연스럽게 고객의 통점(pain point)을 찾아낸 후 그것을 해결할 수 있는 자사의 솔루션을 콕 집어 제시하거나 대안이 될 수 있는 방안을 제시하는 것이 기술영업의 핵심이다. 이러한 과정을 통해 고객사 기술부서와 신뢰를 형성할 수 있다. 만약 이러한 과정을 거치지 않고 표면화된 니즈만 가지고서 고객사와의 협의를 끝마친다면, 과연 고객사가 당신을 신뢰할 만한 기술영업 사원이라고 생각할 수 있을까? 그보다는 필요할 때 불러서 설명이나 들을 수 있는 외판원이라고 생각하지 않을까? 만일 아직도 고객사 미팅에서 기술 프레젠테이션에 급급해 고객의 숨겨진 니즈를 파악하는 작업을 소홀히 하고 있다면, 자신은 아직 기술영업의 초기 단계에 머물고 있다는 점을 인정하고 분발하기 바란다.

B2B 거래에서는 구매 수량과 판매 대금이 크고 구매 결정에 관여하는 부서도 많으며, 각 부서의 담당자들도 대부분 고객사의 직원이기 때문에 구매 결정이 매우 신중하게 진행될 수밖에 없다. 따라서 구매 결정에 앞서 기술 검토 단계에서 고객사로부터 샘플 제품의 시험 사용이나 제품 테스트 요청이 들어올 수가 있다. 제품 테스트 단계에서는 결과가 숫자로 명확히 도출되거나 사용성 가부가 명확히 드러나기 때문에 특별히 신경을 써야 한다. 최상의 성능을 내기 위해서 사전에 철저한 준비가 필요한데, 이를 위해서 고객사의 생산 제품이나 특성, 요구사항을 명확히 파악하고 고객사와 최적의 테스트 일정을 조율해야 한다. 사전 준비를 제대로 하지 않은 채 긴급하게 진행하다가 자칫 낭패를 볼 수가 있다. 애써 쌓아온 기술부서와의 신뢰가 한순간에 날아갈 수도 있다.

제품 테스트는 일종의 면접이자 오디션이다. 면접이나 오디션을 볼 때 누가 사전 준비 없이 진행하며, 실수했다고 다시 기회를 얻겠는가. 그러므로 작은 실수도 나지 않도록 사전에 철저한 준비가 생명이다. B2B 영업사원이 직접 이 부분을 챙길 수도 있고 대기업의 경우 해당 부서에서 관장할 수도 있겠지만, 필자가 생각하는 B2B 영업사원의 직무는 결국 전체 프로젝트(project)를 관리(managing)하는 프로젝트매니저(project manager)다. 그렇기에 B2B 영업사원은 제품 테스트 단계를 포함해 프로젝트의 모든 과정을 꼼꼼히 챙겨야 한다. 테스트에 실패해서 수주를 따내지 못하면 영업사원의 책임이 아닌 것처럼 보이겠지만, 실상은 매출 하락으로 이어지므로 결국 영업사원도 책임에서 자유로울 수 없다.

기술검토부서와 관련하여 추가로 알아두어야 할 것은 해당 부서 내에 다양한 직책의 엔지니어가 있다는 것이다. 제품 성능과 품질을 검토하는 엔지니어, 제조를 담당하는 엔지니어, 생산 프로세스 적합도를 보는 엔지니어 등이 있다. 직책별로 관심사항이 다르기 때문에 고객사 미팅 전에 누구와 만나는지 알아본 후 준비하는 것이 좋다. 만일 사전에 알지 못한 채 담당자를 만나게 된다면, 명함을 받자마자 담당자의 직책을 확인하고 머릿속으로 무엇을 주로 강조할 것인지 생각을 정리한 후 이야기를 풀어나가야 한다.

또 주의해야 할 점 중 하나가 고객사의 실무자와 매니저의 역할을 잘 구분하고 대하는 것이다. 각 부서에는 실무자가 있고 매니저가 있기 마련인데, 통상 매니저가 직위가 높기 때문에 구매 검토에 막강한 영향력을 미치는 핵심 결정권자(key person)라고 생각할 수 있다. 그러나 여기에도 착각의 함정이 도사리고 있다. 경우에 따라서는 매니저가 기술에 대해 잘 몰라서 실무자가 오히려 기술 성능을 판단하는 핵심 인물이 될 수 있다. 이러한 구도를 모른 채 직위가 높은 매니저에게만 집중해서 영업을 하다 자칫 실무자 선에서 아웃되는 상황이 벌어질 수도 있는 것이다. 즉 기술 검토의 핵심 인물은 그때그때 달라질 수 있으므로 B2B 영업사원은 항상 고객사 담당자들의 신상을 파악해두어야 한다. 그리고 프로젝트 발생 시에 고객사 내부의 보고체계가 어떻게 돌아가는지, 핵심 인물이 누구 인지를 파악하고 이 담당자를 어떻게든 자사의 제품에 우호적인 태도를 취하도록 포섭해야 한다.

기술 검토 단계가 중요한 이유는 기술 검토가 마무리되면 통상 구매부서로 공이 넘어가 다음 단계가 진행되기 때문이다. 구매부서에서는 일반적으로, 기술 검토를 통과한 업체들을 모아놓고 공개 입찰에 들어간다. 이후 가격 입찰이 진행되면, 영업사원이 수주 확률을 올리기 위해서 할 수 있는 일은 거의 없다. 그러므로 입찰 전 단계인 기술 검토 단계에서 모든 역량을 집중해 영업을 해야 한다. 그렇다면 수주 확률을 높이기 위해 무엇을 할 수 있을까? 업체별로 기술평가점수와 구매가격점수의 비중이 존재할 텐데, 결국 기술평가점수를 최대한 높이는 것이 수주 확률을 조금이라도 올릴 수 있는 길이다. 경우에 따라서는 기술부서를 설득하여 자사에만 존재하는 특정 성능이 구매 조건에 반드시 들어가도록 만들어 해당 기능이 없는 경쟁사나 해당 기능의 가격이 높은 경쟁사에 비해 우위를 점할 수 있다. 이 또한 기술 검토 단계에서 고객사의 기술 담당자와 신뢰를 형성하고 자사에 우호적인 태도를 지니도록 최선을 다해 포섭해야 하는 이유이다.

한편, 입찰을 진행하는 고객사 중에서 기술 평가 단계에서 커트라인을 넘어선 업체는 모두 예선을 통과했다고 보고 이후에는 오직 구매 조건에 대한 부분만 평가하는 경우가 있다. 이때는 말 그대로 기술에 대한 평가는 0이 되고 최종적으로 가격에만 100% 좌우되어 구매가 결정되는 것이다. 공개 입찰 중에는 이렇게 흘러가는 경우가 많아 기술영업을 한 보람이 없어질 수 있다. 그러므로 사전에 구매 입찰 방식에 대해 조사하여 이러한 입찰 방식을 적용하는 고객사라면 최종 입찰 단계에서도 기술에 대한 평가가 이루어져야 함을 피력하고, 기술점수와 가격점수 비중을 특정 비율로 동시에 고려하도록 설득해야 한다. 어떠한 방식으로 입찰을 하느냐가 수주 성패의 결정적 요인으로 작용할 수 있으니, 최종 단계에서도 자사에 조금이라도 유리한 방향으로 평가 방식이 흘러갈 수 있도록 부단히 노력해야 한다. 결국, 이를 위해서도 구매부 직원과의 우호적인 인맥 형성이 필요한 것이다.

구매 협상 단계에서 공개 입찰 방식을 택하지 않고 고객사의 구매부서가 각 업체별로 개별 협상을 벌이는 경우도 있다. 각 업체들의 구매 조건을 협상을 통해서 완료하고 최상의 조건을 제공하는 업체를 찾아내는 것이다. 이렇게 진행하는 이유는 입찰을 하면 제품 성능과 가격만 보고 결정하게 되는데, 실제 제품의 납품에는 제품의 성능과 가격만이 아니라 유무형의 서비스, 구매 조건, 대금 지불 조건, 납기 조건 등이 포함되기 때문이다. 이 경우에 우리는 구매 단계에서도 상당히 다양한 영업활동을 할 수가 있는데, 이때 가장 필요한 기술이 바로 협상의 기술이다. 협상은 당사자 모두가 얻는 것이 있어야 하며 서로 웃으면서 끝내야 한다. 그러지 않으면 비즈니스를 지속하기 힘들다. B2C 영업에서는 일회적 거래로 끝낼 수도 있겠지만, B2B 영업에서는 고객사와의 지속적 거래가 무엇보다 중요하므로 절대로 한쪽만 승자가 되어 미소 짓는 협상을 하면 안 된다.

구매부서와의 가격 협상에서 한 가지 유념해야 할 것은 구매부서의 담당자도 일개 직원이라는 사실이다. 이 말의 의미는 구매 담당자도 성과를 내야 한다는 것인데, 구매 담당자가 내야 할 성과는 부족하면 문제가 되지만 그렇다고 과도할 필요도 없다. 여기서는 일단 성과를 구매가격에만 한정하여 설명하겠다. 만일, 가격 협상을 회사의 오너인 대표이사와 진행한다고 가정해보자. 대표이사의 입장에서는 가격을 최대한 할인해서 받으면 받을수록, 즉 구매 성과를 과도하게 올리면 올릴수록 그 할인폭만큼 직접적인 이득을 얻게 된다. 하지만 구매 담당자가 직원일 경우에는 이득에 대한 입장 차가 존재하게 된다. 구매 협상에서 일정 수준의 할인을 끌어내 구매 성과를 올려야 하는 것은 맞지만, 그로 인한 이득이 자신에게 100% 돌아오는 것은 아니기 때문이다. 따라서 구매 담당자에게 필요한 최상의 시나리오는 자신이 구매 협상에서 회사로부터 성과를 냈다고 인정받을 수 있을 정도의 성과를 내고, 그 성과를 차기 구매 때에도 지속적으로 이끌어내는 것이다. 당연하지 않겠는가? 이번 협상에서 업체를 압박해 가격을 많이 깎았다면 다음 번 협상에서는 가격 협상이 더 어려워질 것이고, 큰 폭의 가격 할인이라는 성과를 또다시 내기는 힘들 것이다. 그러므로 우리는 장기간 비즈니스를 하는 입장에서 볼 때 고객사 구매 담당자도 무조건 가격 할인을 원하지는 않는다는 점을 구매 협상 시에 항상 염두에 두어야 한다. 적당히, 그리고 지속적으로 고객사 구매 담당자가 성과를 낼 수 있도록 협상을 하는 것이 자사의 이익을 최대한 지키면서 장기적인 비즈니스 관계를 유지할 수 있는 노하우이다.

기술 검토를 마치고 구매 담당자와 가격 협상도 마쳤다고 해서 마음 놓기는 아직 이르다. 수주 최종 결정 전에 최종 결정권자와 다시 한 번 가격 협상을 해야 할 수도 있다. 일반적으로 국내 업체를 비롯해 아시아 지역 고객사의 경우에는 최종 결정권자의 체면을 세워주어야 할 때가 종종 있다. 따라서 이러한 구매 시스템으로 진행하는 업체와의 거래에서는 차후에 최종 결정권자와의 담판에서 가격 협상이 추가로 이루어질 것을 감안하여 구매부서에 적당한 수준의 가격으로 최종 견적서를 제출해야 한다.

이것만 기억하자!

B2B 시장은 지역별, 나라별 특성에 따라 고객의 구매 패턴이 다르다.

동일 지역에서도 소비 위주와 제조 위주 지역의 고객사 구매 패턴이 다르고, 대량생산 위주의 신흥국에서도 글로벌 고객사와 로컬 고객사의 구매 패턴이 다르다. 우리는 이러한 요인을 감안하여 매출 분석을 하고, 영업 대응 전략을 수립해야 한다.

산업별 고객사 분류의 목적은 매출 분석과 영업 전략 수립에 있다.

산업별 분류는 매출 분석과 전략 수립을 고려할 때 의미 있는 결과를 도출할 수 있도록 특정 공통점을 기준으로 분류(통합)해야 한다. 목적성이 결여된 산업별 세부 분류보다, 전략에 맞춘 적절한 통합이 더 중요하다.

고객사의 제조 방식을 알면, 그들이 원하는 가치를 예측할 수 있다.

OEM, ODM, EMS 업체인지에 따라서 고객사의 우선순위는 품질, 생산성, 투자비용 등 각각 다르다. 이 우선순위에 맞추어 자사가 제안할 핵심 기술 가치를 조정해야 한다.

시장 퍼텐셜을 산출할 때는 반드시 TAM, MPR, MGR을 모두 분석해야 한다.

전체 시장 규모(TAM)만으로는 해당 시장의 매력도를 파악하는 데 부족하다. 경쟁사의 시장 침투 비율인 MPR과 시장 성장 속도인 MGR을 반드시 동시에 고려하여 TAM만 산출할 때 야기되는 시장 퍼텐셜에 대한 오류를 막아야 한다.

고객 부서별 특성을 이해하고 적절하게 대응해야 한다.

우리가 대응해야 하는 고객사의 부서는 ① 성능평가·품질검토·구매협상으로 대표되는 구매검토 부서와 ② 생산관리·유지보수·품질 관리로 대표되는 사용 부서로 나뉜다. 우리는 이들이 지니는 서로 다른 니즈에 맞추어 영업활동을 수행해야 한다. 이때 관건은 이들이 알려주지 않는 '숨겨진 니즈'와 자신들도 알아채지 못한 '모르는 니즈'를 끊임없는 열린 질문을 통해 파악한 후 거기에 대응하는 적절한 가치를 제안하는 것이다.

3 B2B 기술영업 단계의 이해

'모로 가도 서울만 가면 된다'라는 속담이 있다. B2B 영업사원으로서 우리는 각자의 방식으로 매일매일 수주 활동을 하고 있다. 어쨌든 다들 서울로 가고 있는 것이다. 그런데 서울을 가더라도 가장 확실한 길로 가야 하지 않을까? 여기저기 잘못 들어가서 헤매며 시간과 에너지를 낭비하는 것보다 네비게이션에 의지해 고속도로를 타고 가는 것이 낫지 않을까? 수주를 따내는 것도 중요하지만, 그보다 먼저 우리가 해야 할 일은 '어떻게 하면 좀 더 수주 확률을 올리고, 경쟁에서 우위를 점할 수 있을지' 부단히 생각하고 방법을 찾는 것이다. 그래야 발전할 수 있다. 더 나아질 수 있는 방법이 있는데도 관성에 매여 매일매일 똑같은 영업의 루틴을 반복하기만 한다면, 당장은 편할 수 있지만 점점 제자리를 맴돌다가 퇴화할 수밖에 없다.

이번 절에서는 B2B 기술영업의 각 단계별로 어떠한 업무를 수행해야 하는지, 어떻게 하면 성공적으로 수행할 수 있는지 구체적으로 살펴보도록 하자[그림 1-11].

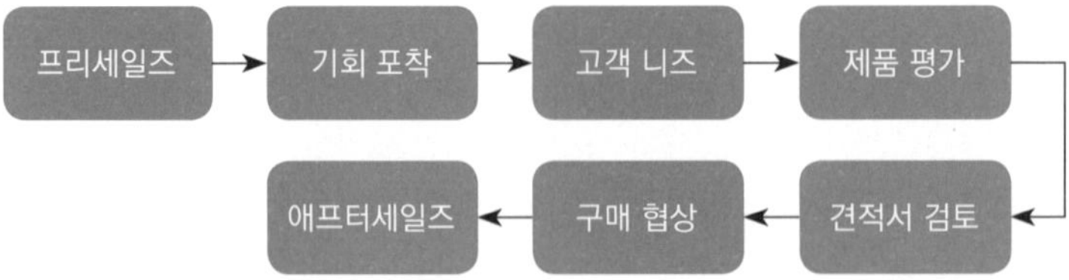

[그림 1-11] 일반적인 B2B 기술영업 단계

3-1 프리세일즈 단계에서의 업무

프리세일즈(pre-sales) 단계는 잠재 고객사를 최대한 확보한 후 해당 잠재 고객사들의 관련 정보를 수집하는 단계를 말한다. B2C의 경우는 온라인 매체를 통한 광고 등으로 타깃팅한 잠재 고객을 상대로 무차별 대규모 판촉활동(promotion)을 할 수 있지만, 기업을 상대로 하는 B2B에서는 잠재 고객사에 자사의 제품을 노출시킬 수 있는 방법에 한계가 있다. B2B에서 잠재 고객사를 확보하는 방법은 주로 다음 4가지로 한정된다.

- 첫 번째, 파트너사(대리점이나 판매점)를 활용해 잠재 고객사를 확보할 수 있다. 대리점이나 판매점은 이미 해당 지역에서 자신들의 고객사를 확보하고 있다. 때문에 이들과 자사의 제품을 판매하기로 대리점 계약을 맺는 즉시 파트너사가 거래하고 있었던 고객사들이 자사의 잠재 고객사로 전환되는 것이다. 이렇게 보면 파트너사를 많이 확보하면 확보할수록 잠재 고객사가 늘어날 수 있을 것이다.

  그런데 마냥 파트너사를 늘리다 보면 어떻게 될까? 예를 들어 한 지역에서 복수의 파트너사와 판매 계약을 체결했다고 가정해보자. 이 파트너사들은 사실 해당 지역 내에서 상호 경쟁관계에 놓여 있기 마련이다. 그들이 각자 확보하고 있는 고객사들도 서로 중복된 경우가 많다. 이런 상황에서 자사의 제품을 프로모션하면 당연히 한 고객사를 두고 여러 대리점이 서로 경쟁하는 상황이 발생하고 결국 내부 충돌이 일어나게 된다. 그리고 이를 중재하기 위해서 자사의 가용 자원(resources)이 불필요하게 낭비될 수 있다. 수주는 곧 돈이다. 돈을 앞에 두고, 어느 대리점이 쉽게 물러서겠는가? 도대체 자사는 누구의 손을 들어주어야 하겠는가? 그러므로 한 지역 내에서 더 많은 잠재 고객사를 확보하기 위해서 복수의 대리점을 활용하고자 한다면, 대리점 간 충돌이 발생했을 때 어떻게 처리할 것인지에 대해 상세하고 공정한 '게임 규칙'을 작성하는 데 공을 들여야 한다. 게임 규칙에는 한쪽 대리점이 규칙을 위반하여 다른 쪽 대리점이 직간접적인 손해를 받았을 시에 해당 대리점에 어떻게 배상을 해줄 것인지, 위반을 저지른 대리점에는 어떠한 페널티(penalty)를 부과할 것인지 등에 대한 조항을 상세하게 명시해주어야 한다. 그리고 자사는 대리점 간 분쟁 발생 시 최대한 사실에 근거를 두고 계약서 조항에 따라 논리적으로 중재해주어야 한다.

이렇게 명확한 규칙을 만들어 대리점을 관리한다고 해도, 사실 모든 조항에는 빈틈이 없을 수가 없기 때문에 충돌이 발생하는 경우가 많고 이를 해결하기 위해 불필요한 유무형의 자원이 낭비되기 쉽다. 이러한 장단점을 고려하여 복수의 파트너사를 둘지, 단일 파트너사만 둘지는 각자 알아서 판단해야 할 몫이다. 한 가지 가이드라인을 제시하면, 만일 자사가 업계에서 비즈니스를 시작한 지 얼마 되지 않아 잘 알려지지 않은 상태라면 규모가 있는 파트너사를 만나기 어려울 테니 복수의 파트너사와 계약하여 시장의 잠재 고객사를 먼저 확보하는 것이 유리할 것이다. 반면 일정 규모로 발전하여 성장의 가속화 단계에 진입했다고 판단되는 단계에 있다면, 대형 파트너사와의 거래를 통해 브랜드 가치

(brand value) 제고에 신경을 쓰는 것이 유리할 것이다. 파트너사도 브랜드 가치를 지닌 대형 파트너사일수록 당연히 고객과의 인맥 관계 및 신뢰도가 높을 것이며, 자연스럽게 자사 제품의 브랜드 가치도 업그레이드될 것이다.

◆ 두 번째, 전시회를 통해 잠재 고객사를 확보할 수 있다. B2B 영업에서 전시회에 참전하여 자사 제품을 홍보하는 것은 B2C에서 매체를 활용하여 대량 홍보를 하는 것에 빗댈 수 있다. 전시회 참전은 잠재 고객사 확보 및 잠재 파트너사 발굴의 기회가 될 수 있고, 경쟁사 동향이나 신기술 등을 파악할 수 있는 시장 조사의 기회가 될 수도 있다. 다만, 전시회는 나라별 또는 대륙별로 그 수가 다양하고 각 전시회별로 규모도 상이해서 새로운 산업으로의 진출 시에는 해당 산업과 연관된 적합한 전시회를 발굴하는 것이 중요하다.

알맞은 전시회를 찾는 몇 가지 팁을 알려드리면, 일단, 방문자 수가 많다고 좋은 전시회라고 판단하면 오산이다. 일례로 중국 전시회들은 엄청난 방문자 수를 기록하지만 대부분이 구매를 결정할 수 있는 핵심 결정권자가 아닌 경우가 많다. 그리고 반도체 전시회나 산업기계 전시회 등에는 방문자 수도 많지만 그만큼 참전업체 부스도 많고 전시홀도 어마어마하게 넓다. 그러다 보니 아무리 방문자 수가 많아도 자사 부스를 방문하는 인원은 기대 이하가 될 수도 있다. 또한 전시회 중에는 흥행을 위해서 몇 개의 산업이나 몇 가지 주제를 통합해서 진행하는 경우가 많기 때문에 참석이 효과적일지 판단하기가 더더욱 어렵다. 이럴 때는 자사의 경쟁사들이 참전하는지, 산업계 내의 다른 업체가 얼마나 참석하는지 등을 보고 참석 여부를 판단하는 것이 좋다.

◆ 세 번째, 제품 세미나나 테크 포럼(tech forum)과 같은 이벤트를 통해 잠재 고객사를 확보할 수 있다. 이 방법은 무작정 진행하는 것이 아니라 파트너사가 확보된 상태이거나 기존 고객사가 충분히 확보된 상태에서 진행할 때 비교적 효과적일 수 있다. 파트너사나 기존 고객사 없이 진행할 때는 해당 산업 잡지사나 기술협회 등과 연계하여 일정 금액의 후원금을 지불하고 잠재 고객사 모집을 대행받는 것도 한 방법이다. 어느 산업이나 잡지사와 기술협회는 있게 마련이니 자사 제품 광고도 게재하고 잠재 고객사 모집에 활용할 수도 있다. 세미나는 타깃팅이 확실하게 된 상태에서 자사의 제품을 집중적으로 홍보할 수 있기 때문에 여타의 방법보다는 훨씬 더 효과적일 수 있다. 다만, 비용이 많이 들어가므로 그만큼 준비 및 진행에 철저해야 한다. 경우에 따라서는 제품의 데모(demonstration)도 진행하는 것이 효과적이다. 만일 호텔 세미나룸이나 컨퍼런스홀을 대여해서 비교적 큰 규모로 진행한다면 비용적인 면에서 부담이 될 수도 있다. 이런 경우에는 동종업계 내 다른 업체들과 공동으로 진행하고 비용을 상호 분담하는 방안도 있다.

◆ 네 번째로 산업 매거진이나 제품 정보지에 광고를 게재하여 잠재 고객사를 확보할 수도 있다. 이 방식은 B2C에서처럼 불특정 다수를 상대로 광고를 하는 것이므로 타깃팅 관점에서는 효과가 제

한적이다. 하지만 신규 업체라면 단시간에 자사의 제품과 브랜드를 해당 산업계에 알릴 수 있는 효과적인 방법이다. 또한 광고를 지속적으로 연재할 경우 자사의 브랜드를 각인시키는 효과를 통해 브랜드 인지도를 끌어올릴 수도 있다. 다만 제품의 세부 성능에 대한 설득이 필요한 B2B 업계에서는 인지도 이상의 효과를 올리는 데 한계가 존재하며, 브랜드 인지도가 이미 어느 정도 형성되어 있는 업체의 경우에는 광고 효과가 다소 떨어질 수 있다.

이러한 방법으로 잠재 고객사를 확보한 뒤에는 해당 고객사들의 정보를 수집하는 단계가 필요하다. 고객사 정보 수집이란 잠재 고객사가 무슨 제품을 어느 정도 규모로 생산하고 있는지, 내부 조직은 어떻게 구성되어 있는지, 지금 어느 회사의 제품을 사용 중이고 통상 언제쯤 신규투자가 이루어지는지…… 등 다양한 정보를 수집하는 활동을 말한다. 이는 데이터베이스 세일즈(database sales)를 수행하기 위한 기초가 되며 해당 고객사에 대한 영업 전략 수립에 발판이 된다.

고객사 정보 수집은 특정 시점이 있지 않고 어느 때든 진행하는 업무이다. 예를 들어, 고객사와 전시회 또는 세미나를 통해서 접촉하면 서로 명함을 교환하게 된다. 고객사 명함을 받은 순간부터 고객사에 대해서 이것저것 물어볼 수 있다. 대리점과 식사를 하거나 이동을 하면서도 해당 고객사에 대해서 이런저런 정보를 획득할 수 있다. 당연히 인터넷으로 자료를 찾아볼 수도 있다. 이러한 무형의 정보가 곧 영업활동의 자산이 된다. 안타까운 점은 대부분의 영업사원들이 이렇게 캐낸 정보를 자신의 수첩이나 머릿속에만 넣어

놓고 다녀 전사적인 시너지를 이끌어내지 못한다는 것이다. 데이터베이스 세일즈를 수행하면서 전사적인 시너지를 만들어내기 위해서는 CRM(Customer Relationship Management) 소프트웨어 솔루션과 같은 세일즈 관리 툴(tool)을 활용해 정보를 체계적으로 관리하고, 그러한 정보를 기반으로 영업 전략을 수립할 수 있는 체계를 마련할 수 있어야 한다.

3-2 기회 포착 단계에서의 업무

프리세일즈 단계에서 잠재 고객사를 확보하고 관련 정보를 수집했다면, 이후에는 기회 포착 단계로 진입해 잠재 고객사의 구매 니즈 가능성을 조사해야 한다. 이 단계에서는 고객사의 이곳저곳을 열심히 찔러보면서 투자 관련 정보나 고객사 내부 진행 상황을 파악하고 기회(opportunity)를 포착하는 업무를 수행해야 한다. 이 단계에서 입수한 정보로부터 모든 비즈니스가 출발하는 것이다. 투자 관련 정보를 입수하지 못하면 당연히 자사는 해당 비즈니스에서 배제될 수밖에 없다. 물론 시장에 따라 한정된 고객사가 존재하여 기회 포착이 비교적 손쉬운 업계도 있겠지만, 일반적으로 B2B 비즈니스에는 수천 수만의 고객사가 존재하며 그들이 친절하게 자신들의 구매 계획을 알려줄 리 만무하다. 실제로 정보 입수 시기를 놓쳐 기회를 포착하지 못하고 견적도 내지 못한 채 사라지는 딜(deal)의 수가 상당하다.

기회 포착 단계에서는 고객과의 친분과 신뢰가 매우 주요하게 작용한다. 고객과의 친분은 개개인의 영업사원에게 무형의 인맥 자산으로 자리잡아 결정적 순간에 큰 영향을 미치는 경우가 많으므로 영업사원들은 평소에 고객 관리에 힘써야 한다. 그런데 고객과 상당 수준의 친분을 형성하기 위해서는 많은 시간과 노력, 비용을 투입하여야 하기 때문에 문제는 '당장의 구매 정보를 어떻게 파악할 것인가'이다. 이를 위해 우리는 앞서 설명한 파트너사를 활용할 수 있다. 파트너사들은 이미 자신들의 고객사와 인맥을 형성한 상태로, 그 고객사들이 바로 파트너사의 레이더 역할을 하고 파트너사는 다시 자사의 레이더 역할을 하고 있는 것이다. 이에 우리는 파트너사의 레이더를 적절히 활용하여 고객의 투자 기회를 포착해낼 수 있다.

동종 업계의 업체들과 상호 친분을 두텁게 유지하는 것도 기회를 포착할 수 있는 또 다른 방법이다. 고객사의 구매 계획 정보는 결국 업계에 퍼지게 되므로 동종 업계의 업체들과 평소 친분이 있다면 비교적 손쉽게 입수할 수 있다. 서로 상부상조하는 것이다. 물론 이러한 투자 정보는 경쟁사에도 넘어갈 가능성이 있으므로 양날의 검이기는 하지만, 그래도 자사의 레이더가 많을수록 얻을 수 있는 것이 더 크다.

이처럼 고객의 투자 기회를 포착하는 것은 중요하지만, 이는 사실 고객의 표면화된 니즈를 파악한 것에 불과할 수 있다. 우리는 여기서 한 걸음 더 나아가 고객의 숨겨진 니즈와 고객 자신도 깨닫지 못한 니즈를 발굴하고, 그것을 자극하여 고객으로 하여금 새로운 투자 계획을 세우도록 만들어야 한다. 이것이 영업활동의 매우 중요한 포인트이다. 대부분의 회사는 영업 매출 목표를 정한 후 이를 달성하기 위해서 전략을 수립하게 되는데, 매출 신장을 이루는 방법은 크게 2가지 방향으로 나눌 수 있다. ①첫째는 투자 기회(고객의 표면화된 니즈)에서 수주 승률을 올리는 것이고, ②둘째는 신규 투자 수요를 창출하는 것이다. 본서에서 강조하는 고객의 숨겨진 니즈와 고객 자신도 모르는 니즈의 발굴은 신규 투자 수요의 창출과 밀접한 관련이 있는 것으로 영업 매출 신장의 커다란 한 축이다. 이에 대해서는 바로 다음 단계인 고객의 니즈 발굴 단계에서 보다 자세히 설명하도록 하겠다.

3-3 고객 니즈 발굴 단계에서의 업무

고객의 투자 계획을 입수했다면 일단 기회를 포착한 것이다. 이제 그 기회가 자사의 수주 성공으로 이어지도록 고객의 니즈 발굴 업무를 수행해야 한다. 고객의 투자 계획을 파악했는데 또 무슨 니즈를 발굴해야 할까? 앞서 기회 포착 단계에서 파악한 것은 고객의 투자 계획일 뿐, 거기에는 고객의 니즈가 구체적으로 드러나 있지 않다. '고객의 니즈'란 고객이 도대체 어떠한 솔루션에 관심이 있는지, 무슨 기능이 필요한지 등을 말한다. 만약 고객이 "나는 이러이러한 성능에 이러한 가격대의 제품을 고려 중이다"라고 언급한다면, 그것은 바로 표면으로 드러난 니즈로 [그림 1-12]에서와 같이 빙산의 일각에 불과하다. 수면 아래에 고객이 명확하게 언급하지 않은 숨겨진 니즈와 고객 자신도 모르고 있는 니즈가 거대한 빙산처럼 존재할 수 있다. 기술영업에서는 표면으로 드러난 니즈보다 이렇게 숨겨져 있는 니즈를 파악하는 것이 더 중요하다. 고객 니즈 발굴 단계는

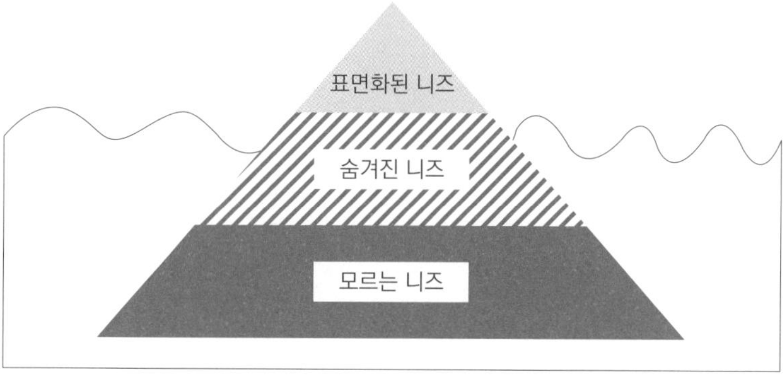

[그림 1-12] 고객의 니즈

B2B 영업에서 가장 어려운 단계이자 가장 중요한 단계이다. 이 단계에서 영업활동을 제대로 하느냐 그러지 못하느냐가 기술영업의 고수와 하수를 가르는 기준이 될 수 있다.

고객이 구매에 대한 계획이 있고, 자사 제품의 특성을 정확히 알고 있으며, 자사 제품의 필요성을 인식하고 있다면 고객의 니즈(수요)는 표면화된 사실(fact)이 된다. 문제는 대부분의 고객이 자사 제품의 기술적 특징이나 가치를 파악하고 있지 못하다는 점이다. 또한 고객사가 겪고 있는 문제를 자사의 제품을 통해 해결할 수 있다는 것도 모르는 상태에 놓여 있다. 그러므로 B2B 영업을 하는 우리가 고객의 숨겨진 니즈, 고객조차 미처 깨닫지 못한 니즈를 도출해 수요로 연결해내야 한다.

그렇다면 꼭꼭 숨어 있는 고객의 니즈를 어떻게 찾아낼 수 있을까? 앞서 잠깐 소개한 '열린 질문'을 도구로 삼아 고객의 니즈를 끄집어낼 수 있다. 열린 질문은 언제(when), 어디서(where), 누가(who), 무엇을(what), 어떻게(how), 왜(why)를 넣은 질문 형태로 묻되 상대방이 '예(yes)'나 '아니오(no)'로 대답하지 않고 서술형으로 보다 구체적으로 이야기할 수 있도록 유도하는 질문을 말한다. 우리는 이러한 열린 질문을 적절히 건네면서 고객의 니즈를 파악해가야 한다. 고객이 답변을 했을 때 그것을 다시 열린 질문으로 연결해 묻는 작업을 반복하면서 고객 스스로 자신이 무엇이 필요한지를 깨닫고 최종적으로 숨겨진 니즈를 드러낼 수 있도록 해야 한다. 이것은 소크라테스가 즐겨 사용하던 '산파술'과 비슷한 방식이다. 소크라테스는 그의 의견에 반대하는 제자들과 토론을 진행할 때 자신의 주장이 왜 맞는지 설명하는 데 집중하지 않았다. 그보다는 열린 질문을 던지면서 상대방이 직접 자신의 주장에 오류가 있음을 발견하도록 유도하거나, 상대방 스스로 소크라테스의 주장이 옳다는 결론에 도달하도록 이끌었다.

열린 질문의 예를 하나 들어보자. 신규로 생산장비 구매 수요가 있는 고객사 담당자를 만났는데 "금번 자사의 장비 구매에서의 포인트는 가격입니다"라고 언급했다고 가정해보자. 이때 우리는 어떻게 대응해야 할까? 고객이 자신의 니즈를 명확히 전달했다고 보고 판매단가가 제일 저렴한 솔루션을 제안해야 할까? 일차적으로 생각할 수 있는 대응은 가격 전략이지만, 그러면 우리보다 판매단가가 더 낮은 경쟁사가 나타났을 때 수주를 놓칠 위험이 크다. 따라서 다음과 같이 열린 질문을 통해 고객의 숨겨진 니즈를 파악하려는 시도를 해야 한다.

"장비 구매 포인트가 왜 가격인지 알려주실 수 있나요?"

'왜'를 넣어 열린 질문을 건네면 고객은 '예'나 '아니오'로 답변할 수 없으니 구매 포인트를 왜 가격으로 정했는지 설명해줄 것이다.

"금번 신규 생산라인 제품의 생산단가가 낮아서 비싼 장비를 도입할 수 없습니다."

이처럼 좀 더 구체적인 이유가 답변으로 나오면 우리는 태세 전환의 실마리(clue)를 잡을 수 있다. 생산단가를 낮춰줄 수 있는 장비라면 가격이 높아도 구매가 가능하다는 쪽으로 고객사를 유도할 수 있는 것이다. 따라서 우리가 준비해야 할 것은 제일 저렴한 솔루션의 장비가 아니라 생산 효율을 높일 수 있는 자사의 솔루션이다. 라인의 다운타임(down time)을 줄일 수 있는 자사의 솔루션을 고객사에 집중적으로 제안하는 것이 올바른 방향인 것이다. 이로써 우리는 끝없는 가격 경쟁의 상황을 기술 경쟁의 상황으로 전환할 수 있고, 고객사에도 그들의 진정한 니즈는 '생산성 증대'라는 점을 주지시켜 줄 수 있다.

고객 니즈 발굴 단계에서 꼬리에 꼬리를 무는 열린 질문을 통해 고객사의 숨겨진 니즈를 파악하는 것은 기술영업의 핵심 능력이다. 기술지식이 조금 부족하더라도 열린 질문을 적절히 활용하여 고객의 숨겨진 니즈를 파악할 수 있다면, 당신은 이미 기술영업 고수의 반열에 올랐다고 할 수 있다. 많은 영업사원들이 이 과정을 생략한 채 고객의 드러난 니즈를 그대로 자사 내부로 전달하는 메신저 역할만 수행하는데, 그러려면 뭐하러 기술영업사원이 필요하겠는가. 물론 다짜고짜 모든 고객에게 열린 질문을 퍼붓는다고 우리가 원하는 니즈를 쉽게 찾을 수 있는 것은 아니다. 친밀한 관계의 고객이 아니라면 처음에는 대부분 비협조적으로 답변을 하고, 때로는 화를 내는 등 역효과가 날 수도 있다. 때문에 앞서 언급한 기회 포착 단계에서부터 고객과 친밀한 인간관계를 맺고자 노력해야 하며, 고객이 어떠한 유형인지 파악해두는 것이 중요하다. 고객의 유형을 제대로 파악하여 그에 맞게 적절한 열린 질문을 던질 때 고객의 숨겨진 니즈를 파악할 수 있다. 고객 유형별 대응 방식에 관해서는 다음 절에서 좀 더 세부적으로 설명하겠다.

1) 고객 유형별 대응 방식

사람들은 각자 나름대로의 성격을 지니고 있다. 내향적인 사람이 있는가 하면 외향적인 사람도 있고, 논리적인 사람도 있지만 그와 달리 앞뒤 가리지 않는 다혈질의 성향을 지닌 사람도 있다. 이러한 이유로 각자의 성향을 파악할 수 있는 다양한 성격 유형 검사들이 있는데, 그중 하나인 MBTI 테스트 결과를 봐도 사람들은 대개 16가지의 서로 다른 성격 유형으로 분류될 수 있다고 한다. 우리가 대면하는 고객들 역시 다양한 성격의 소유자들이다. 따라서 우리는 고객과 소통하기 위해 그들의 성격 유형을 파악하고, 해당 유형에 적합한 대화 방식으로 접근하는 법을 익혀야 한다.

이 절에서는 고객의 업무 성향에 따라 고객 유형을 크게 5가지(자칭 전문가 유형, 적대적 유형, 인간관계 중시 유형, 업무적 유형, 무관심한 유형)로 구분하였다. 각 유형별 특성과 그에 따른 적절한 대응 방식을 대화 상황을 예로 들어 살펴보자.

◆ **자칭 전문가 유형**의 고객은 자신이 이 분야의 전문가이며, 자신의 생각이 곧 정답이라고 믿는 경향이 강하다. B2B 업계에는 엔지니어가 실무 담당자인 경우가 많은데, 이들 중에 해당 분야에 대해서는 자신이 가장 잘 알고 있다고 생각하는 자부심이 강한 사람이 많은 편이다. 소위 '엔지니어 고집'이 발현되는 것이다. 이런 유형의 고객에게는 우리가 정답을 알려준다 한들 절대로 반기지 않을뿐더러, 오히려 사실을 부정하며 강한 반발을 사게 될 수도 있다. 그러므로 절대로 우리가 전문가인 양 고객을 가르치려 들면 안 된다. 그저 고객의 말에 동조하며 기회를 봐서 '제가 잘 몰라서 묻는데 그 문제는 어떻게 되는 것인지 알려달라'는 식으로 열린 질문을 건네야 한다. 특히 열린 질문과 함께 소크라테스의 '산파술' 대화 방식을 통해 고객으로 하여금 스스로 우리가 원하는 결론을 내뱉도록 유도하는 것이 핵심이다. 고객을 전문가로 대접해주어야 하기 때문에 시종일관 겸손한 태도를 유지하며 기술에 관련해서는 알고도 모르는 척 능청을 떨어야 한다. 고객 자신이 전문가라고 자부하는 타입이다 보니 지나치게 자세한 설명을 들어야 할 때도 있지만, 고객이 전달해주는 정보 속에서 숨은 니즈를 파악할 수 있으니 이를 자사의 솔루션으로 연계시킬 수 있도록 주의를 기울여야 한다.

이러한 유형의 고객과 소통할 때의 대화 상황을 예를 들어 살펴보자. '작업 효율 계산에 A변수를 포함하도록 하여 자사 제품의 성능이 경쟁사 대비 더 우수하게 나올 수 있도록 하는' 자사의 목적을 자칭 전문가형 고객에게 전달할 때의 경우를 가정해보자.

① 영업사원: "제대로 된 작업 효율 계산을 위해 계산 수식에 A변수를 반드시 포함해야 합니다."
고객: ('허, 나를 가르치려 해' 하고 반발심이 생겨나서) "내가 그 분야 계산만 20년 한 사람인데, 그렇게 계산 안 해도 잘만 됩니다. 뭘 모르면 잠자코 있어요!"

② 영업사원: "고객님, 어떻게 하면 작업 효율 계산을 제대로 할 수 있을까요?"
고객: (우쭐해하며) "음, 그건 이러이러하게 계산하면 됩니다."
영업사원: "아, 네. 잘 알겠습니다. 감사합니다. 그런데 말씀해주신 대로 계산했을 때 이러이러한 문제가 발생하기도 하던데, 그것은 어떻게 풀어갈 수 있을까요?"
고객: "흠, 그럴 때는 계산식에 A변수를 포함하는 것이 도움이 될 수도 있겠군요."

①번은 전형적인 소통 실패의 대화 방식을 보여준다. 자칭 전문가 유형의 고객과 대화할 때는 언제나 겸손한 자세로 상대의 의견을 먼저 구해야 한다. 그러지 않고 자사의 의견을 먼저 전하면 반감을 일으켜 원활한 대화를 이어가기 힘들다. ②번은 열린 질문과 산파술을 통한 성공적인 소통의 예를 보여준다. 고객의 의견을 먼저 물어 권위를 세워준 뒤 열린 질문을 통해 고객 스스로 자사의 의견에 동의하게끔 이끌고 있다.

◆ **적대적 유형**의 고객은 자사의 방문을 별로 달가워하지 않는다. 이유는 현재의 솔루션에 만족해서 변화를 원하지 않는 보수적인 타입이기 때문일 수도 있고, 경쟁사와 친분이 두터워 스스로 문지기(gate keeper) 역할을 수행하고 있기 때문일 수도 있다. 이런 유형의 고객에게는 자사 제품이 좋다고 아무리 떠들어봐야 별로 소용이 없다. 그러므로 자사 제품의 강점을 피력하는 것은 일단 접어두고 고객이 처한 상황을 관찰하고 또 관찰해야 한다. 특히 기존에 고객사가 사용 중인 솔루션이나 경쟁사 솔루션의 문제점 파악에 주력해야 한다. 그런 다음 해당 문제점을 해결할 수 있는 자사의 솔루션을 소개하는 데 집중해야 한다. 자사의 솔루션이 경쟁사 대비 확실한 차별화 포인트를 지녔다면, 처음에는 적대적 태도를 보이던 고객도 태도의 변화를 보일 것이다. 어느 고객사도 사용하고 있는 제품에 100% 만족하지는 못한다. 크든 작든 불편함과 개선해야 할 점이 나오기 마련이다. 따라서 고객사의 통점을 찾다 보면 자사 제품의 소구점을 찾을 수 있고, 이 부분을 발판으로 고객에게 접근하면 된다.
적대적 유형의 고객과 소통할 때의 대화 상황을 예를 들어 살펴보자.

① 영업사원: "자사의 제품은 이러이러한 기능이 들어가 있어서 현재 귀사가 사용 중인 경쟁사 제품과 비교했을 때 성능 면에서 월등합니다."
고객: "당신네 제품의 성능이 좋다는 것은 당신 생각이죠! 저희는 지금 쓰고 있는 경쟁사 제품이 훨씬 더 편리합니다."

② 영업사원: "자사 고객사들 중에서 이러이러한 문제점이 발생했을 때 어떻게 해결할지 난감해하는 경우가 더러 있었습니다. 안타까운 일입니다."
고객: ('어, 우리도 동일한 문제가 있는데……' 하고 놀라며) "귀사는 그런 문제에 대한 해결방안이 있나요?"
영업사원: "예, 자사의 제품에는 A라는 기능이 있는데 해당 문제점을 해결하는 데 탁월한 성능을 발휘합니다. 이미 여러 고객사가 사용하면서 이 기능의 덕을 톡톡히 보고 있습니다. 시간 되시면 제가 관련해서 세부 기술을 설명해드릴까요?"

변화를 달가워하지 않는 적대적 유형의 고객에게 ①번과 같이 직접적으로 자사 제품을 소개하면, 고객은 현재 사용 중인 제품에 만족하고 있다며 방어벽을 치기 쉽다. 이처럼 고객과 대립각이 세워진 상태에서는 원활한 소통을 이어가기 힘들다. 적대적 유형의 고객으로 하여금 변화를 받아들이게 하기 위해서는 먼저 고객의 생산환경을 면밀히 관찰해야 한다. 거기서 다른 고객사들과는 다른 특이점을 찾아내야 한다. 만약 경쟁사 제품의 문제점을 알고 있다면 ②번과 같이 그 문제점을 부각시키되, 고객이 자연스럽게 수용할 수 있도록 넌지시 간접적으로 언급한다. 이렇게 해서 고객이 우리에게 해결책을 문의하도록 이끈다면 고객과의 소통에서 9부 능선을 넘은 것이다.

◆ **인간관계 중시 유형**의 고객은 친분을 매우 중요시하기 때문에 되도록 빨리 친밀한 관계를 맺는 것이 좋다. 일단 친해져야 그다음 단계가 진행될 수 있다. 친해지기 전에 세부 기술을 소개하거나 자사 제품이 경쟁사 대비 이렇고 저렇다고 설명하는 것은 금물이다. 고객이 자칫 반감을 가질 수 있다. 고객이 먼저 기술 설명을 해달라고 요청하기 전까지는 인간관계와 열린 질문에만 집중하다가 기회가 왔을 때 자연스럽게 기술 설득 단계로 이어지도록 유도해야 한다.
인간관계 중시 유형의 고객과 소통할 때의 대화 상황을 예를 들어 살펴보자.

① 영업사원: "우리 제품의 최신 기능부터 먼저 소개해드리겠습니다. 이러저러한 기능은 A기술이 접목된 것으로, 이 기능을 사용하면 무슨무슨 장점이 있습니다."
고객: "아, 제품 기술은 제가 잘 모르니 저에게 얘기하지 말고, 해당 엔지니어 불러줄 테니까 그분에게 설명해주세요. 그럼 저는 이만……."

② 영업사원: "고객님, 그동안 잘 지내셨죠? 저번 전시회 때보다 더 살이 빠지셨네요. 비결이 있으시면 저한테만 살짝 알려주세요."
고객: "어이, 살이 빠지긴 뭐. 그나저나 요즘 황사가 심해서 큰일이야."
영업사원: "예, 자제분 천식이 걱정이네요. 안 그래도 제가 황사 마스크랑 천식에 좋은 식품을 좀 가져왔습니다."

고객: "아, 뭘 이런 걸 다 챙겨 와. 고맙네. 그나저나 (이건 기밀 사항인데) 조만간 투자 기회가 있을 거야. 미리 자료 준비해."

영업사원: "아, 그럼 관련 제품 자료와 프레젠테이션 준비하겠습니다. 투자 관련해서는 고객님만 믿고 있습니다."

인간관계 중시 유형의 고객을 만났을 때 제품 소개에 대한 욕심이 앞선 나머지 ①번과 같이 접근하면 고객이 바로 마음의 문을 닫아버릴 수 있다. 이러한 유형의 고객과 성공적인 소통을 하려면, 처음에는 무조건 친분 쌓기에만 집중해야 한다. 그 친분의 수준이 가족사항이나 취미 같은 개인적인 부분까지 알고 배려할 수 있는 정도가 되어야 한다. 그러면 고객과의 대화가 ②번과 같이 자연스럽게 흘러가 제품 소개 기회를 얻을 수 있고, 투자 정보 및 든든한 영업 지원을 제공받을 수도 있다.

◆ **업무적 유형**의 고객은 인간관계 중시 유형과 반대되는 타입이다. 이런 유형은 친해지기 위해서 이런저런 얘기를 꺼내는 것을 별로 달가워하지 않고 처음부터 일에 초점을 맞추려 한다. '용건만 간단히'가 이 유형의 고객 성향을 대표한다고 할 수 있다. 이들은 자신이 알고 싶은 부분이 명확하기 때문에 영업사원에게 질문을 하는 편이고 정확한 답변을 원한다. 영업사원들이 어렵게 느낄 수 있는 유형인데, 사실 (산업별로 다르긴 하지만) 우리가 만나는 상당 부분의 고객사 담당자들은 엔지니어이고 이들은 보통 단도직입적인 질문과 대답을 주고받는 것이 몸에 밴 사람들이다. 그러므로 이런 유형의 고객을 만나면 날씨가 어떻고 하는 아이스

브레이킹(ice breaking) 멘트나 불필요한 자사 소개 등을 줄이고, 자신이 유능한 기술영업사원임을 최대한 증명할 수 있도록 기술 설명에 집중해야 한다. 고객이 기술전문가인 만큼 이들과 제대로 소통하기 위해서 우리 역시 기술전문가의 면모를 철저히 보여주어야 한다. 전문가다운 노련한 모습을 보여주지 못하면 대화가 단절되고, 결국 영업 실패로 이어질 수 있으므로 주의해야 한다.

업무적 유형의 고객과의 대화 상황을 예를 들어 살펴보자.

① 영업사원: "오늘 날씨가 참 좋네요. 먼저 폐사 소개부터 하겠습니다. 폐사는 세계 굴지의 고객들이 인정한 회사로 A기술, B기술을 보유하고 있습니다. 또 ……."

고객: "죄송합니다만, 제가 시간이 별로 없습니다. 제가 알고 싶은 건 귀사의 제품이 이런 어플리케이션에 적용 가능한지, 그럴 경우 발생 문제점에 어떻게 대처하는지입니다."

영업사원: "아, 제가 영업사원이라 그 부분에 대해선 잘 알지 못하지만 이러이러하지 않을까 생각됩니다."

고객: "그러니까 정확히 모르시는 거군요. 그럼 다음에 그 부분을 설명해줄 수 있는 분과 같이 오시든지, 기술 담당자의 연락처를 남겨주시면 필요할 때 연락드리겠습니다. 제가 시간이 없어서, 그럼 이만."

② 영업사원: "폐사 소개는 논의 주제는 아니나, 폐사의 독보적인 첨단기술에 대해 소개하기 전에 이 기술이 어떻게 폐사에서 개발될 수 있었는지를 회사 배경과 연관해 간략하게 짚어보고 본론

으로 들어가겠습니다."

고객: (자사 소개와 기술 설명을 모두 들은 후) "아, 그렇군요. 그런데 귀사의 기술로 이런 어플리케이션에 적용하면 이러저러한 문제점이 발생하지 않나요?"

영업사원: "예, 이론상으로 그런 문제가 있는 것은 사실입니다. 하지만 폐사는 C기술과 같은 첨단기술을 통해 해당 문제를 극복했습니다. 구체적으로 해당 기술에 대해 설명드릴까요?"

고객: "아, 그렇게 해결할 수 있군요! 알겠습니다. 이미 충분한 정보를 들었고, 종합해본 결과 귀사의 제품 기술이 이러이러한 부분에서 더욱 앞선 기술로 판단됩니다. 바로 관련 기술 데이터를 보내주시고, 견적서도 함께 보내주세요."

업무적 유형의 고객이 기술 관련 질문을 했을 때 ①번과 같이 얼버무리면 즉시 기술 문외한으로 낙인 찍혀버리고 이후 거래가 성사되기 힘들다. 반면 ②번과 같이 명쾌하게 기술전문가의 면모를 각인시키면, 고객에게 두터운 신뢰를 얻어 거래가 일사천리로 진행될 수 있다. 실력 있는 기술전문가로서 고객에게 확고한 인상을 준다면 이후 자사 기술에 대한 고객의 지지가 유지되고 또 다른 거래로 이어질 수 있다.

◆ **무관심한 유형**의 고객은 자사의 제품 설명이나 기술 특징을 듣고서도 별다른 반응을 보이지 않고 자신들에게는 별로 필요 없다는 반응으로 일관해서 영업사원들이 가장 어려워하는 상대다. 이들은 자신의 통점(pain point)을 절대 말하지 않고 우리의 솔

루션에 대해 설명해줘도 좋다, 나쁘다 별 반응을 드러내지 않는다. 때문에 추가적인 세부 질문(follow up question)이나 열린 질문을 건네서 니즈를 찾아내기가 어렵다. 사실, 이렇게 무관심한 유형의 고객은 자사의 제품에 적대적인 고객보다도 더 어려운 고객 유형이다. 적대적인 고객은 열린 질문을 통해서 무엇이 불만인지 파악하고 그것을 해소시킬 수 있는 대안을 제시하면서 다음 단계로 이끌어갈 수 있지만, 자사 제품에 관심을 주지 않고 무조건 불필요하다는 식의 반응만 보이면 추가적으로 취할 수 있는 액션이 없기 때문이다. 한마디로, 아무런 니즈가 없어서 영업이 불가능한 것처럼 보이는 고객 유형이다. 이러한 고객을 대할 때는 '자사 제품에 관심이 없구나' 하며 쉽게 포기하지 말고 지속적인 교류를 통해 차근차근 친분을 쌓아가도록 하자. 무관심한 유형의 고객은 어차피 경쟁사들도 영업하기 어려운 타입이다. 어느 정도 친분이 쌓이게 되면 이러한 고객들도 결국 마음을 열고 영업사원의 열린 질문에 답변을 해주기 마련이고 그러면 고객이 무엇에 관심을 가지고 있는지, 무엇이 통점인지가 드러나게 될 것이다.

무관심한 유형의 고객과의 대화 상황을 예를 들어 살펴보자.

① 영업사원: "폐사는 C라는 첨단기술을 보유하고 있습니다. 이 기술을 적용한 솔루션을 사용하면 귀사의 생산성과 품질이 향상될 수 있습니다."

고객: "예 알겠습니다. 다음에 필요하면 연락드릴게요."

영업사원: "폐사 제품에 대해서 추가로 궁금하신 사항은 없으신가요? 샘플 테스트도 가능한데, 한번 해보시겠습니까?"

고객: "없습니다. 나중에 샘플 테스트가 필요하면 연락하죠."

② 영업사원: "귀사의 B라인을 살펴보니 작업자가 너무 분주하게 작업을 하던데, 특별한 이유가 있나요?"
고객: "그건 B라인에서 생산되는 제품 중 작업시간이 많이 소요되는 제품이 있어서 그렇습니다."
영업사원: "아, 네. 작업시간이 많이 걸린다면, 혹시 무엇 때문에 그런지 알 수 있을까요?"
고객: "제품에 이러이러한 문제가 있는데 그 점 때문에 시간이 많이 걸립니다."
영업사원: "아, 그 문제라면 폐사의 C기술로 해결할 수 있습니다. 폐사 제품을 사용하시면 작업 시간을 획기적으로 단축할 수 있는데, 한번 샘플 테스트 해보시겠습니까?"
고객: "그런 기술이 있어요? 그럼 샘플 테스트 일정을 잡아보죠."

고객의 관심사항이 무엇인지 파악하지 못한 상태에서 ①번과 같이 대화의 문을 열면, 무관심한 유형의 고객은 전형적인 답으로 일관하고 대화는 곧 종결될 것이다. 무관심한 유형의 고객과 대화할 때는 예나 아니오로 답변이 나오는 닫힌 질문을 건네지 말고, 설명이 따라오게 되는 열린 질문을 던져야 한다. ②번과 같이 열린 질문을 던지다 보면 꼬리에 꼬리를 물고 대화를 이어갈 수 있고, 결국 거래 성사의 가능성을 볼 수 있게 된다.

지금까지 살펴본 고객 유형을 참고해서 현재 자신이 상대하고 있는 고객이 어떠한 유형에 가까운지, 고객의 니즈를 파악하는 데 현재 걸림돌은 무엇인지, 어떠한 방법으로 고객에게 다가서야 할지 등을 분석해보기 바란다. 물론 이러한 고객 유형 구분은 영업활동에 매우 유용하게 활용될 수 있지만, 다소 이론적이며 개인적 성격에 기반한다는 점에서 한계도 있다. 결국 실제적으로 제일 중요한 것은 고객과 친분을 쌓고 신뢰를 두터이 하여 기회가 주어졌을 때 빨리 포착할 수 있는 능력이다.

고객 니즈 발굴 단계에서 고객의 숨겨진 니즈나 고객이 미처 깨닫지 못했던 니즈를 파악했다면, 다음으로 해당 니즈를 만족시킬 수 있는 자사의 솔루션을 준비해서 고객에게 설명하고 구매 수요를 일으켜야 한다. 이 단계에서는 자료 준비와 프레젠테이션이 중요한데, 이에 관해서는 3장 1-1절 '효과적인 기술영업 프레젠테이션 방법' 편에서 자세하게 다루도록 하겠다.

3-4 제품 평가 단계에서의 업무

고객사의 숨은 니즈를 파악하고 자사 제품의 기술 특징과 고객 가치를 적절한 시점(right time)에 적합한 담당자(right person)에게 제대로 설득했다면, 이제 수주 성공을 위해 더 심화된 단계로 진입해야 한다. 물론 경우에 따라서는 곧바로 견적 및 구매 협상 단계로 넘어갈 수도 있다. 하지만 통상적으로 고객사는 우리가 프레젠테이션을 통해 설명한 가치를 곧이곧대로 신뢰하지는 않으며 실제 제품 성능을 보고 싶어 한다. 따라서 제품 성능을 검증하는 평가 단계를 거쳐야 할 때가 많다. 평가 단계는 크게 2가지 방식으로 나눌 수 있다.

◆ 첫 번째는 고객이 장비의 성능을 확인해보는 성능 시연(데모) 방식이다. 고객이 자사의 샘플을 가지고 이것저것 테스트를 해보며 기능을 검증해볼 수 있다.

◆ 두 번째는 고객이 특정 기간을 두고 성능을 비교평가(benchmark test)하는 방식이다. 평가 항목 및 절차에 대해서는 사전에 고객사와 논의하여야 하며, 비교평가는 경쟁사와 동등한 조건하에 동시에 진행하여야 한다.

먼저 성능 시연과 관련해서 구체적으로 알아보도록 하자. 영업에서는 단계별로 순간순간 최상의 결과를 도출해야 한다. 자사 제품에 대한 고객의 단계별 평가와 호감이 쌓여 궁극적으로 수주 승률을 올릴 수 있기 때문이다. 그러므로 제품 평가 단계에서도 철저한 준비가 필요하다. 제품 성능 시연이 일종의 연극이라고 가정하면, 관람객인 고객이 자사 제품의 가치를 느끼고 감동할 수 있는 시나리오를 만들고 거기에 맞춰 효과적으로 시연을 해야 한다. 우리는 자사 제품에 무슨 기능이 있고 어떻게 사용하는 것인지 알고 있지만, 고객은 다르다. 고객은 자사 제품을 처음 접하기 때문에 제품의 기능과 사용방법 등을 친절하게 안내하는 시연 시나리오가 없다면 자사 제품이 어렵고 불편하다는 부정적 인상을 받게 될 수 있다. 특별히 B2B에서는 다수의 직원이 제품을 사용해야 하므로 교육, 운영 비용 등을 고려할 때 용이한 사용법이 중시된다. 따라서 제품 시연에서는 반드시 사용의 편리성을 고객에게 전달하여야 한다. 기술 집약적인 제품일수록 고객이 느끼는 난이도가 올라가기 때문에 치밀하게 짜여진 시연 시나리오를 꼭 준비해야 한다.

한편, 제품을 시연할 때는 크기에 따른 물리적인 제약조건이 발생할 수 있다. 자사가 소개하는 제품이 들고 다닐 수 있을 정도의 소형이라면 고객사를 방문해서 시연하면 되므로 문제가 없다. 이때는 해당 제품의 성능 데모를 효과적으로 할 수 있도록 데모 박스를 구성하여 들고 가는 것이 좋다. 반면, 자사의 제품이 비교적 큰 사이즈의 장비 규모라면 보통 해당 제품이 소재해 있는 장소로 고객을 초대해서 제품 시연을 진행한다. 또는 고객사에 제품을 일정 기간 대여해주는 방식으로 시연 및 시험 사용을 진행할 수 있는데, 이 경우에는 사전에 제품 분실 및 파손에 대한 손해배상 관련 계약서를 고객사와 체결해야 한다. 아울러 제품을 고객사로 이동시켜 시연을 진행할 때는 운용 관련 부대비용이 자사에 발생하게 된다. 그런데 구매 규모가 크지 않고 향후 구매 퍼텐셜 또한 많지 않은 고객사에 비용을 들여가며 장비 시험 사용을 제공하는 것은 효율적이지 않다. 이런 경우에는 되도록 외부 데모센터에서 장비 시연을 해야 하며, 그럼에도 불구하고 고객사가 장비의 시험 운용을 요구할 때는 장비의 운송비나 사용조건에 관해 협약서를 체결하고 고객사에 일정 부분을 부담시켜야 한다.

고객사가 경쟁사 제품과 함께 실시하는 성능 비교평가는 고객사 내부 제품 구매 프로세스에서 매우 중요한 단계이자 많은 내부 유관 담당자들도 그 결과를 관심을 가지고 지켜보므로 철저한 평가 기준과 일정 계획 수립 하에 진행한다. 또한 성능 비교평가 결과에 따라 승자와 패자가 확연히 갈리기 때문에 자사의 입장에서도 매우 긴장되는 단계라고 할 수 있다. 승자는 이후에 훨씬 여유를 가지고 구매 협상 단계에 임할 수 있는 반면, 패자는 입지가 좁아지거나 아예 본 단계에서 성능 미달로 결격 처리가 될 수 있다.

그렇다면 성능 비교평가 단계에서 승자가 되기 위해서 무엇을, 어떻게 준비해야 할까? 이 단계에서의 핵심은 '제품 성능 평가 전에' 우리가 할 수 있는 최선의 작업을 해야 한다는 것이다. 막상 제품 성능 평가가 시작되면 우리가 할 수 있는 것이 별로 없다. 영업사원으로서 자사 제품의 성능이 잘 나오도록 할 수 있는 업무적인 역할이 별로 없기 때문에 테스트 결과가 좋길 바라는 길밖에 없다. 따라서 성능 평가 시작 전에 자사 제품의 성능이 잘 나올 수 있도록 영업력을 최대한 발휘해야 한다.

성능 비교평가를 자동차 경주 예선전에 빗대어 생각해보자. 예선전에 참가한 후보들은 목적지까지 최소 몇 시간 이내에 주행을 마쳐야 결승전에 올라갈 수 있다. 이 경기 규칙은 경주를 주최한 회사가 만든 것으로 자사와 경쟁사는 이를 바꿀 수 없다. 그러나 경주를 준비하는 단계에서 고객사와 협의하여 주행 코스를 변경할 수는 있다. 자사 차량이 최상의 성능을 발휘할 수 있는 코스로 선택되도록 최대한 피력하는 것이다. 만일 자사의 차량이 사막 환경에 강하다면 중간에 사막화된 코스를 넣는 것을 피력하고, 코너링에 강하다면 급커브가 많은 코스를 넣자고 고객사를 설득하는 것이다. 물론, 이때 해당 코스로 변경하거나 추가해야 하는 논리적인 근거를 제시할 수 있어야 한다. 자동차의 주행 성능을 제대로 평가하기 위해 사막과 같은 극한 환경이나 급커브가 많은 도로에서의 테스트가 필요하다는 것을 논리적으로 설명하여 고객사를 자사에 유리한 평가 환경으로 자연스럽게 유도해야 한다. 아울러, 최종 결정은 고객이 내리지만 그에 따른 결과는 자사만이 아니라 경쟁사들도 모두 영향을 받기 때문에 이러한 평가 환경이 자사에게만 유리한 규칙처럼 보이지 않도록 제시해야 한다. 그러므로 성능 비교평가 전에 평가 항목에 대한 협의를 진행할 때에 자사에 유리한 방법이 무엇인지 명확히 알고, 이것을 어떻게 하면 고객사가 공평하게 느낄 수 있을지, 경쟁사가 반박할 수 없을지, 논리적인 설득 방안을 마련하는 것이 매우 중요하다. 기술영업사원은 자사에 유리한 기울어진 운동장을 정정당당하게 만들어낼 줄 알아야 한다. 이것이 성능 평가 단계 전에 기술영업사원이 반드시 책임을 지고 수행해야 할 임무이다.

제품 평가 단계에서 고객사와 기밀유지 협약서, 일명 NDA(Non Disclosure Agreement)를 작성해야 하는 경우가 있다. 고객사 제품 중에 첨단 사양의 제품이나 아직 시장에 출시되지 않은 제품이 있을 수 있기 때문이다. 그런데 고객사가 NDA에 서명을 요청해왔을 때 무턱대고 서명을 하면 안 된다. 반드시 각각의 조항을 확인해야 하는데, 특히 기밀유지를 위반했을 경우에 어느 국가의 법령을 따를 것인지, 어느 국가의 법정에서 판결을 받을 것인지 등은 매우 중요한 항목이다. 그리고 우리는 해당 업계의 다른 고객과도 비즈니스를 진행해야 하기 때문에 기밀유지를 몇 년간 지속해야 하는지 등을 유심히 살펴보아야 한다. 또한 NDA를 맺은 고객사와 협무를 진행할 때는 해당 고객사와 주고받은 문서나 메일과 관련해서도 철저하게 내부 보안에 신경을 써야 한다. 고객사 담당자는 NDA 조항에 대해 신경을 쓰고 있겠지만 해당 문서나 메일을 공유받은 내부 직원들은 무심코 유출시킬 수 있기 때문이다.

3-5 견적서 검토 단계에서의 업무

제품 성능 평가를 통과하면 고객사로부터 견적서 제출을 요청받게 된다. 기술영업 부분에서 이 단계에 특별하게 주의해야 할 사항은 없지만 가격 관련해서는 한 가지 주의해야 할 점이 있다. 바로, 견적서에 입력한 가격에 대하여 '왜 그 가격에 제품을 제공하는지' 분명한 근거가 있어야 한다는 것이다. 만일 같은 가게에서 동일한 물건을 샀는데 어제 산 금액과 오늘 산 금액이 다르다면, 구매자 입장에서 기분이 어떻겠는가? 어제보다 오늘 싸게 샀다면 무조건 기분이 좋을까? 좋고 나쁘고의 문제가 아니라 이는 신뢰의 문제다. '왜 가격이 달라졌지?' 하고 의문점이 생기기 마련이고, 판매자가 납득할 만한 가격 변동의 이유를 말해주지 않으면 신뢰에 금이 가게 된다. B2B 비즈니스에서 견적도 마찬가지다. 우리는 고객사에 견적서를 작성할 때 고객사의 영향력, 예상 구매 수량, 향후의 거래 퍼텐셜 등을 고려하여 자사의 입장에서 그에 합당한 수준으로 할인(discount)을 제공할 수 있다. 그런데 이 할인율 제공이 아무런 논리적 근거 없이 영업사원 맘대로, 회사 결정권자 맘대로 고무줄처럼 그때그때 달라지면 고객사가 우리를 신뢰할 수 있을까?

모든 할인율 제공에는 반드시 합당한 근거가 있어야 한다. 만일 우리가 특정 고객사에 비교적 높은 할인율로 저렴하게 제품을 납품했다고 치자. 그런데 우리가 비싸게 공급하고 있었던 고객사가 우연히 해당 가격 정보를 알게 되어 그 이유를 묻는다면, 어떻게 대처할 수 있겠는가? (이런 상황은 고객사 구매부서 직원들의 이직 등으로 발생할 수 있다.) 가격 차이가 발생하는 이유에 대해 논리적인 해명을 하지 못하면 그동안 힘들게 다져온 고객사와의 관계에 금이 가게 되고, 그제야 등 떠밀려 동일한 할인율을 제공해주어도 좋은 소리는 못 듣게 된다. 게다가 최악의 경우에는 거래 해지를 통보받을 수도 있다. 반면에 일정한 근거를 가지고 가격할인정책을 진행해왔다면 고객사의 추궁에 다음과 같이 당당하게 답할 수 있을 것이다.

"해당 고객사는 과거 몇 년간 얼마의 수량을 구매해서 누적 구매 할인율을 제공했고, 금년도에는 추가 대량 구매를 하는 조건으로 대량 구매 할인율(bulk discount rate)을 제공한 것입니다. 귀사도 동일한 수량의 구매를 보장한다면 동일한 할인율을 제공해드리겠습니다."

이렇게 명료하게 답변을 하면 가격에 대한 고객사의 의구심을 해소할 수 있고 신뢰 관계를 유지할 수 있다. 이와 더불어 소소한 것이지만 주의할 것 중 하나가 견적서는 고객이 의뢰한 당일에 즉시 제출하는 것이 기본이라는 점이다. 외근이나 부득이한 사정으로 제시간에 제출하기 어렵다면 반드시 사전에 고객에게 양해를 구하고 소요 기한을 안내해야 한다. 이러한 사전 양해 없이 견적서 제출이 늦어지면, 고객 입장에서는 자신들의 구매건을 중요하게 생각하지 않고 무시한다고 오해할 수 있기 때문이다. 영업사원은 항상 고객의 편에서 업무 과정을 살펴보고 한발 앞서 행동할 수 있어야 한다.

3-6 구매 협상 단계에서의 업무

고객사에 견적서를 제출하고 나면 구매 협상을 진행하게 된다. 구매 협상은 통상적으로 구매팀 담당자와 진행하지만 경우에 따라서는 기술 담당자가 그대로 가격까지 통합하여 평가를 수행하기도 한다. 구매 협상은 수주를 위한 마지막 관문이자 판매 이익과 직결되는 중요한 단계로, 이때 영업사원들의 협상력이 제대로 발휘되어야 한다.

협상(negotiation)을 한마디로 표현하자면 '주고받는' 것이다. 우리는 일상에서 알게 모르게 협상을 수행하면서 살아가고 있다. 가깝게는 가족 내에서 부부간에도 특정 사안에 대해서 서로 주고받는 협상을 할 수 있고, 부모와 자식 간에도 '이번 시험의 성적이 우수하면 태블릿 PC를 사줄게' 하고 암암리에 협상을 하며 지낸다. 협상의 중요한 포인트는 바로 상대방이 원하는 것을 주고, 내가 원하는 것을 받는 것이다. 위의 예문에서 부모가 원하는 것은 자녀의 우수한 성적이고, 자녀가 원하는 것은 태블릿 PC이다. 이처럼 협상은 서로 원하는 것을 주고받는 것이므로 협상을 잘하기 위해서는 먼저 내가 상대방에게서 얻어내고 싶은 것이 무엇인지 명확히 인지하고 있어야 한다. 또 상대방이 무엇을 원하는지도 정확히 찾아낼 수 있어야 한다. 내가 원하는 것과 상대방이 원하는 것이 많으면 많을수록 협상은 더욱 수월해진다. 왜냐하면 상대방이 원하는 것 중에서 내가 줄 수 없거나, 최후로 주어야 하는 것들이 있기 때문이다. 예를 들어, 고객이 자사로부터 얻고자 하는 것 중에서 자사가 바로 줄 수 있는 것은 가격 할인이 있을 것이다. 그런데 가격 할인을 주게 되면 자사는 그만큼 영업 이익이 떨어져 손실을 보게 된다. 따라서 고객이 원하는 것 중에서 자사가 제공했을 때 큰 무리가 없는 것을 우선적으로 제공해야 한다. 성공적인 협상의 본질은 서로 원하는 것을 주고받되 상호 손실을 최소화하면서 상호 이익을 발생시키는 '윈-윈(win-win)' 상황을 만드는 것이다. 다시 말해 고객이 수용하기 힘든 제안을 했을 때 창조적인 대안을 찾아 협상의 방향을 전환할 수 있어야 한다. 이러한 대안을 찾지 못한 채 고객의 요구에만 매달리다 보면 두 회사 중 한 곳은 손실을 입는 윈-로즈(win-lose) 협상으로 끝나게 된다.

가격 할인 압박을 최소화하면서 고객과 상호 윈-윈을 이룬 필자의 사례를 함께 살펴보자. 과거 필자가 영업을 하던 소비재 제품을 제조하는 고객사에서 신규 라인 증설의 기회가 포착되어 최종적으로 구매 협상을 진행하게 되었다. 협상 테이블에 마주 앉았을 때 고객사 담당자가 건넨 첫 마디는 "제품 가격이 경쟁사에 비해 월등히 높으니 구매가격을 파격적으로 깎아주지 않으면 경쟁사 제품을 구매하겠습니다"였다. 이에 필자는 가격 할인 요구에 바로 응하지 않고 고객사의 숨겨진 니즈를 찾기 위해 여러 가지 열린 질문을 건넸다. 그 결과 고객사가 생산공장 증설을 추진 중인데 투자 금액에 부담이 크다는 문제를 알아내게 되었다. 이후 고객사의 숨겨진 니즈를 충족시키기 위해 필자가 제안한 것은 '파격적인 할부' 방식이었다. 구매 대금을 바로 지불할 필요 없이 매달 생산한 이익에서 분할해 지불해달라고 한 것이다. 고객사가 궁극적으로 원하는 것은 초기 투자금에 대한 부담 경감이므로 필자가 제안한 할부 계약은 적절한 해결책이 될 수 있었다. 문제는 판매 대금 회수에 대한 위험이었는데, 이 전략을 실행하기 위해서 자사는 로컬 파트너사를 통해 고객사의 신용도와 재무 및 비즈니스 상황에 대해서 면밀히 조사를 한 후 파격적인 장기 할부를 제공해주었다. 아울러 자사의 수금 위험률을 완화하기 위해서 파트너사와 위험 부담을 분담하는 계약서를 추가로 작성하였고 결국 성공적으로 협상을 마무리할 수 있었다.

고객과 구매 협상을 할 때 대부분 가장 먼저 부딪치는 압박은 가격 할인 요구이다. 이때 가격 관련 사항은 최대한 대화의 후순위로 미루고, 그 외의 조건들에 대해 언급하면서 자사의 제품이 경쟁사 대비 얼마나 많은 가치를 제공하는지, 자사의 제품을 사용함으로써 얻을 수 있는 이득이 무엇인지를 강조해야 한다. 가격 할인의 압박을 완전히 배제할 수는 없지만 최대한 완화시켜야 한다. 그리고 설사 가격 할인을 제공하더라도 다음에 소개하는 협상의 핵심 전략을 적절히 활용하면 손실을 줄일 수 있다.

- 첫 번째는 **닻 내리기**(anchoring) 전략으로, 이는 가격 협상에 앞서 마지노선이 될 가격을 먼저 제시하는 것이다. 그러면 해당 마지노선 가격으로부터 닻 내리기 효과가 발생하여 상대편이 그 가격에서 크게 벗어나는 제안을 하기가 힘들어지고, 우리는 가격 할인 압박을 일정 부분 방어할 수 있게 된다. 이 전략은 '누가 먼저 쓰느냐'에 따라서 성패가 갈린다. 노련한 고객사 구매부 담당자라면 먼저 파격적인 가격 할인폭을 요구해서 닻 내리기 효과를 누릴 수 있으므로 조심해야 한다. 이를 방지하기 위해서라도 우리는 가격 얘기는 되도록 나중에 하고, 자사의 제품이 제공하는 가치에 대해서 먼저 설명해야 한다. 가격 협상 전에 제품의 가치를 설명한 후 가격 협상은 최후에 하는 것에서부터 이미 자사의 닻

내리기 전략이 시작되었다고 볼 수 있다.

◆ 두 번째는 **살라미** 전략이다. 살라미는 소시지의 일종으로 매우 얇게 썬 것이 특징이다. 살라미 전략의 핵심은 고객과 협상을 할 때 자사의 손실로 이어지는 항목에 대해서는 무엇이든 파격적으로 제공을 하면 안 된다는 것이다. 협상에서는 기분파가 되어서는 안 된다. 다양한 아이템을 아주 조금씩 제공함으로써 겉으로 보기에는 많은 것을 주는 것처럼 보이지만 실상 자사의 손실은 그다지 크지 않게 만들어야 한다. 살라미 전략은 자사의 손실을 최소화하는 것은 물론이고, 구매팀 담당자가 성과를 내기도 좋은 전략이다.
필자의 회사가 매년 꾸준하게 제품을 대량으로 납품하는 VIP 고객사와 협상을 진행할 때였다. 문제는 해당 고객사도 자신들의 구매력(buying power)이 크다는 것을 알고 있기에 매분기 가격 협상을 요청해오는 것이었다. 가격 협상을 무조건 거절하면 경쟁사로 물량이 넘어갈 것이고, 그렇다고 매번 할인을 해주면 자사는 이익률 감소뿐만 아니라 결국 어느 시점부터는 할인을 제공할 수 없는 가격의 마지노선에 이를 테니 난감했다. 이 상황에서 고민 끝에 필자가 활용한 협상 전략이 바로 살라미 전략이었다. 앞서 언급했듯이 자사가 한 번에 큰 폭의 할인을 제공한다고 고객사 구매 담당자에게 반드시 좋은 것은 아니다. 회사에 소속된 직원으로서 성과를 내야 하는 고객사 구매 담당자의 입장에서 보면, 다음 번 계약에서도 최소 이전과 동일한 수준의 추가 할인을 받아내야 성과를 인정받을 수 있기 때문이다. 한편 자사의 입장에서도 한 번에 큰 폭으로 할인을 해주면 이후로 가격 할인 여지가 훨씬 줄어들게 되고, 가격 할인을 무기로 하는 고객과의 협상이 점점 어려워지게 된다. 이에 필자는 고객사의 개별 공장별로 자사의 영업 서비스 비용의 차이를 들어 각기 다른 할인폭을 제공하였다. 예를 들어 금번 분기에는 고객사가 대량 구매를 계획하는 특정 지역의 공장에 할인율을 더 제공하고, 다음 분기에는 신규로 출시된 제품을 포함해서 구매할 경우 프로모션 할인율을 더 제공하겠다고 하면서 지속적으로 분할해 이벤트성 할인을 제시하였다. 또 자사의 제품 모델별로 판매 수량의 차이에 따른 생산 비용 차이를 들어 각기 다른 할인폭을 제시하였다. 그리고 자사의 다른 제품과 동시 구매 시에도 다른 할인폭을 제시하여 구매 수량의 차이에 따라 각기 다른 할인폭을 제공하였다. 이렇게 가격 협상을 진행할 때 여러 가지 방식으로 할인을 조금씩, 그리고 꾸준하게 제공함으로써 고객사 담당자도 어느 정도 만족시키면서 자사의 이익률 감소를 최대한 방어할 수 있었다.

◆ 세 번째는 **배트나**(Best Alternative To a Negotiated Agreement, BATNA) 전략이다. 배트나란 최상의 조건의 협상이 결렬되었을 때 내세울 수 있는 차선책을 의미하는 것으로, 협상에 임할 때 반드시 대안을 만들어서 임해야 한다는 것이 배트나 전략이다. 대안이 없다면 협상 시 입지가 좁아져 불리한 위치에 놓이게 된다. 그러므로 고객사 구매부 담당자는 자사와의 구매 협상에서 어떻게든 자사의 제품을 대체할 수 있는 배트나를 만들려고 노력할 것이다. 자사의 제품을 대체할 수 있는 대안이 있는 상태로 자

사와 구매 협상을 하는 것과 대안이 없는 상태로 구매 협상을 하는 것은 그 결과에 하늘과 땅 차이가 있을 것이다. 반대로, 자사는 어떻게든 고객사의 배트나가 약해지도록 만들어야 한다. 고객사의 배트나를 약하게 할 수 있는 방법이 바로 '가치 위주'의 영업이다. 자사 제품이 지니는 가치가 어느 경쟁사에서도 얻을 수 없는 것이라면 결국 고객사의 배트나가 없어지게 되는 것이고, 이는 곧 자사가 협상에서 유리한 위치에 놓이게 되어 불필요한 가격 할인을 제공할 필요가 없다는 뜻이기도 하다. 결국 또다시 기술 가치 영업의 중요성이 재확인되는데, 구매 협상에서 유리한 위치를 점유하기 위해서라도 우리는 가치 제안에 집중하는 기술영업을 해야 한다.

영업을 하다 보면 운이 좋게도 원청에서 자사 제품의 사용을 지정하는 경우가 있다. 이때 원청으로부터 하청을 받은 고객사는 자사 제품을 무조건 구매해야 하기 때문에 배트나가 전혀 없는 상황에서 자사와 구매 협상을 벌여야 하는 상황에 놓이기 마련이다. 그런데 이런 상황에서 고객사 구매 담당자가 배트나를 기가 막히게 만들어내 자사를 놀라게 한 경험이 있었다. 자사는 비교적 여유로운 마음으로 협상 테이블에 앉아 있었는데 고객사 구매 담당자가 "A사가 이번 가격 협상에서 만족할 만한 수준의 할인을 제공해주지 못하더라도 구매를 할 수밖에 없겠지만, 그러면 다음 구매 때부터는 A사 제품을 구매 대상에서 배제하겠습니다" 하고 선제공격을 날리는 것이 아닌가. 바로 '미래의 구매 퍼텐셜'을 배트나로 활용한 것이다. 지속적인 비즈니스를 해야 하는 B2B 업계에서 미래의 구매 퍼텐셜은 강력한 배트나가 될 수 있다. 노련한 구매 담당자는 그것을 놓치지 않고 협상 카드로 활용했다.

구매 협상에 성공했다면 이제 구매 계약서를 써야 할 차례다. 구매 계약서는 별도로 작성할 수도 있고 발주서 자체에 포함시킬 수도 있다. 구매 계약서에는 구매단가, 수량, 납기일정, 선적조건, 대금지불방식 등이 표기되고, 수출을 한다면 추가적으로 국제 거래법 관련 각종 조항이 담기게 된다. 통상 계약서는 고객사에서 작성하고 상호 서명을 하는 방식으로 진행된다. 계약서 조항에 대해 사전에 고객사와 어느 정도 조율을 한 상태이겠지만, 분쟁 발생 시 법적인 문제를 처리하는 부분에 대해서는 자사가 불리해질 수 있는 가능성이 있는지 다시 한 번 유심히 살펴보아야 한다. 불리한 조항이라고 판단되면 '자사가 속해 있는 대한민국법을 따른다' 또는 '제3국법을 따른다' 등으로 수정을 요청하는 것이 좋다.

3-7 애프터세일즈 단계에서의 업무

애프터세일즈(after-sales) 단계는 자사가 발주를 받아서 제품을 고객사에 납품하는 단계이다. 납품 계약서에 맞추어 정상적으로 납품을 완료했다면 해당 단계로 넘어온 것이다. 얼핏 생각하면 '이미 수주를 완료했는데 애프터세일즈 단계가 뭐가 그리 중요할까?' 하고 의구심이 들 수도 있다. 그러나 애프터세일즈는 다음번 수주에 가장 큰 영향력을 미치는 중요한 단계이다.

세상에는 다양한 방식의 영업 스타일이 존재하고 영업사원들의 능력도 가지각색이다. 필자가 한 가지 기준으로 영업사원의 스타일을 양분해보면 신규 고객사를 잘 발굴하는 사람과 기존 고객사에서 꾸준하게 수주를 잘하는 사람이 있는데, 후자가 바로 애프터세일즈를 적절하게 수행하는 영업사원이다. 그리고 일반적으로, B2B 영업에서 애프터세일즈가 탁월한 영업사원은 담당 고객사와 관련해서 적수가 없기 마련이다. 고객과 한편이 되어 움직이기 때문에 여간해서는 경쟁사가 뚫고 들어오지 못한다.

이렇듯 애프터세일즈는 자사의 캐시카우(cash cow)[1]인 기존 고객사로부터 계속해서 수주를 유지하는 데 필요한 활동이다. 그러면 애프터세일즈에서 가장 중요한 것은 무엇일까? 고객사가 자사의 제품을 제대로 사용하는지, 사용상에 문제는 없는지 지속적으로 세심하게 살펴 문제가 있다면 해결해주는 사후서비스(After Service, A/S)이다. 고객이 제품을 사용하다가 고장이 발생하거나 새로운 설정이 필요할 경우 통상 우리는 문제 해결에 집중한다. 그런데 이는 제품을 판매한 판매자로서 당연히 해야 할 의무로, 이것을 가지고 애프터세일즈를 잘한다고 단정할 수는 없다. [그림 1-13]에서처럼 고객이 기대하는 사후서비스 수준을 넘어설 때 고객 감동의 단계에 도달하고 고객과 한편이 될 수 있다. 따라서 우리는 사후서비스를 수행할 때에도 어느 수준이 고객이 예상하는 정도인가를 가늠하고, 어느 수준에서 고객 감동에 이를 수 있을지를 가늠해서 애프터세일즈 전

1 제품 성장성은 낮아졌지만 수익성은 높은 산업을 말한다.

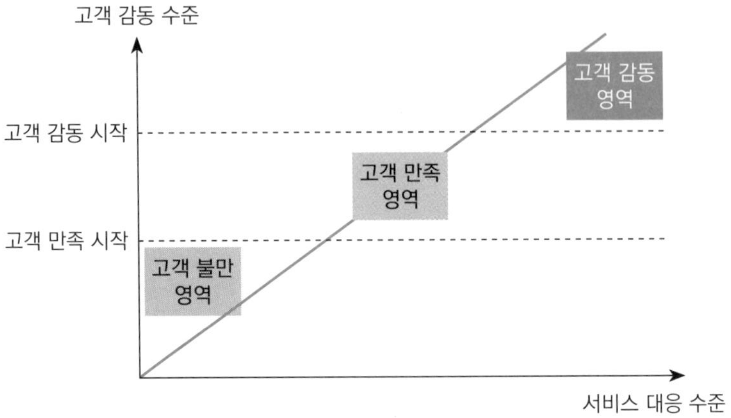

[그림 1-13] 애프터세일즈 단계에서의 고객 감동 그래프

략을 완성해나가야 한다.

애프터세일즈에서도 특별히 주의를 기울여야 할 결정적인 순간이 있다. 바로 고객사에서 추가 구매에 대한 정보를 입수했을 때다. 많은 B2B 영업사원들이 구매 정보를 입수했을 때 수주에만 열을 올린다. 그런데 기존에 납품해서 고객사가 사용하고 있는 자사 제품에 문제가 없는지를 점검하는 것 또한 수주만큼 중요하다. 반드시 이를 점검하고 고객사의 피드백을 받아서 문제가 있다면 해결하여 그것이 이슈화되지 않도록 각별히 신경을 써야 한다. 고객사 내부에는 자사에 호의적인 담당자도 있지만 경쟁사에 더 우호적인 담당자도 있기 마련이다. 때문에 추가 구매를 앞둔 시기와 같은 때에 자사 제품에 문제가 발생하여 경쟁사 제품으로의 교체 빌미를 제공하지 않도록 주의해야 한다.

이것만 기억하자!

- **신규 매출 창출은 고객의 숨은 니즈 파악을 통해서도 가능하다.**

고객의 표면화된 니즈는 이미 존재하는 매출 기회이지만, 열린 질문을 통해 고객의 숨은 니즈와 고객도 모르는 니즈를 파악해낸다면 거기서 새로운 신규 투자 수요를 창출할 수 있다.

- **고객 니즈 파악의 첫걸음은 고객별 성향 파악과 성향별 맞춤 대응이다.**

5가지 고객 유형(자칭 전문가 유형, 적대적 유형, 인간관계 중시 유형, 업무적 유형, 무관심한 유형)별로 고객의 특성을 숙지하고 이에 맞춤 대응함으로써, 열린 질문을 통한 고객의 숨은 니즈 파악 단계로 가기 위한 시행착오를 단축시킬 수 있다.

- **제품 성능 평가 단계에서는 평가 시작 전에, 정당하게 기울어진 운동장을 만들어내는 것이 핵심이다.**

노련한 기술영업인이라면 자사 제품의 기술 성능 수준을 정확히 인지한 상태에서, 장비 평가 전 고객이 평가기준을 마련할 때 자사에 유리하게 마련되도록 논리적으로 설득할 수 있어야 한다.

- **기본 협상 전략을 통한 가격 할인 요구 대응과 함께 모든 가격 할인 제공에는 반드시 합당한 근거가 있어야 한다.**

닻 내리기, 살라미, 배트나 전략 등을 활용하여 고객의 가격 할인 압박을 최대한 방어해야 한다. 부득이하게 가격 할인을 제공해야 할 때는 반드시 고객이 수긍할 수 있는 명확한 근거를 마련해 제공해야 한다. 근거 없는 할인 제공은 장기 레이스와 같은 기업 간의 거래에서 상호 신뢰를 무너뜨릴 수 있다.

- **성공적인 구매 협상은 상호 이익을 발생시키는 윈-윈 상황을 만드는 것이다.**

윈-로즈 협상은 기업 간 지속 가능한 거래를 어렵게 만든다. 그러므로 구매 협상 단계에서는 자사와 고객이 서로 원하는 것을 주고받을 수 있도록 최대한 다양한 협상 대안(BATNA)을 마련해야 한다. 또한 상호 이익과 손실이 상충될 때에도 서로 최대한 윈-윈 할 수 있는 창의적인 대안을 찾도록 노력해야 한다.

01

02

1 영업 전략 수립은 왜 필요한가?

2 기술수용주기에 따른 영업 전략

3 데이터베이스 기반 영업 전술의 수립

4 지속적인 성장을 위한 영업 전략

03

B2B 기술영업 전략, 전술의 수립

2장에서는 필자가 오랫동안 B2B 기술영업 업무를 경험하면서 몸소 느끼고 깨달은 전략(전술) 수립 방법에 대해 소개하겠다. '전략 수립'은 본서에서 필자가 설명하고자 하는 내용의 핵심이자, B2B 기술영업 업무에서 가장 주요한 부분이다. 전략 수립에 회사의 존폐가 달려 있다고 해도 과언이 아니다. 단 12척의 배로 10배가 넘는 일본 수군에 맞서 대승을 이끈 이순신의 승리의 비결은 바로 전술이었다.

B2B 영업에서 우리는 [그림 2-1]의 왼쪽 그래프처럼 '자사 제품이 경쟁사 제품보다 월등히 뛰어난 성능에, 훨씬 더 저렴한 판매가격을 지닌' 아주 이상적인 상황을 꿈꾼다. 그러면서 자사의 제품이 경쟁사 제품보다 성능 면에서 월등히 뛰어난데도 가격이 비싸서 못 판다고 푸념을 하거나, 가격은 저렴하지만 성능이 떨어져서 못 판다고 푸념을 한다. 그런데 사실 경쟁사보다 월등한 성능에 저렴한 판매가격을 지닌 제품이 있다면, 어느 누가 사지 않겠으며 어느 누가 팔지 못하겠는가. 현실은 그렇게 호락호락하지 않다. 대부분의 경우 성능이 좋으면 가격이 비싸고, 성능이 떨어지면 가격이 저렴하기 마련이다. 파괴적 혁신으로 점철된 첨단기술 주도 시장이나 창조적 혁신으로 대표되는 틈새시장 또는 블루오션 시장을 제외하면, 일반적으로 무한 경쟁을 하고 있는 B2B 시장은 [그림 2-1]의 오른쪽 그래프와 같이 각자의 마케팅 전략에 의해 '가격 대 성능'의 대각선상에서 비교적 공평하게 포지셔닝되어 있다. 이처럼 현실적으로 이상적인 성능과 저렴한 가격의 제품을 보유하기 어려운 상황에서 B2B 영업의 승자가 되려면 결국 '전략'에 집중해야 한다.

기존 시장에서는 경쟁에서 이기는 전략에 집중하는 것과 함께 파괴적 혁신의 출현 및 창조적 혁신에 의한 시장의 이동에 대비하는 전략도 필요하다. 이 말은 곧 기존 시장에서 승자의 위치에 있는 기업도 지속적인 전략 수립의 필요성에서 자유로울 수 없다는 뜻이다. 마켓리더라고 안이하게 생각하고 있다가 파괴적 혁신으로 무장한 게임체인저(game changer)[1]의 등장으로 순식간에 시장에서 도태될 수도 있기 때문이다. 《기하급수시대가 온다(Exponential Organizations)》[2]에서는 이런 상황이 발생하는 이유를 '파괴적 혁신은 시장의 선형적인 변화가 아닌 기하급수적인 변화를 불러오기 때문'이라고 말한다. 우리가 잘 알고 있는 구글(Google), 페이스북(Facebook), 테슬라(Tesla), 우버(Uber) 등이 [그림 2-2] 오른쪽 그래프에서 볼 수 있듯이 파괴적인 혁신으로 경쟁사들을 도태시키며 기하급수적인 성장을 이룬 기업들이다. 기하급수적인 성장은 이를 주도하는 기업에는 기하급수적인 이익과 성장을 가져다주지만, 반대로 기존에 선형적인 성장을 지속하고 있는 기업에는 급격한 매출 감

---

1 게임체인저란 어떤 일의 판도를 뒤바꿀 만큼 중요한 역할을 한 인물이나 사건, 제품 등을 가리키는 말이다. 오늘날 경영 분야에서 기존 시장의 흐름을 깨는 창조적 혁신으로 시장의 판도를 바꾼 대표적 기업으로는 애플과 구글을 꼽는다. B2C 분야의 예이긴 하지만, 1998년부터 13년간 휴대전화 시장에서 독보적인 1위를 차지했던 노키아(Nokia)는 스마트폰과 앱스토어라는 혁신 제품을 들고 나온 애플과 구글의 등장으로 한순간에 휴대폰 역사의 뒤안길로 사라져버렸다.

2 실리콘밸리의 창업학교 싱귤래리티대학교의 글로벌 대사인 살림 이스마일(Salim Ismail)과 유리 반 헤이스트(Yuri Van Geest), 기술 분야 저술가 마이클 말론(Michael S. Malone)이 함께 쓴 책이다. 저자들은 기술 혁신이 일상화된 세상에서는 파괴적 변화의 속도만큼 빠르게 움직일 수 있는 조직이 필요하다고 주장하며, 오늘날 혁신 기술을 발견한 신생 기업들이 이를 빠르게 비즈니스 기회로 전환해 폭발적으로 성장하는 데 주목한다. 책에서는 이러한 혁신을 이룬 기업들을 '기하급수기업'이라 칭하며 이러한 조직의 특성을 분석한다.

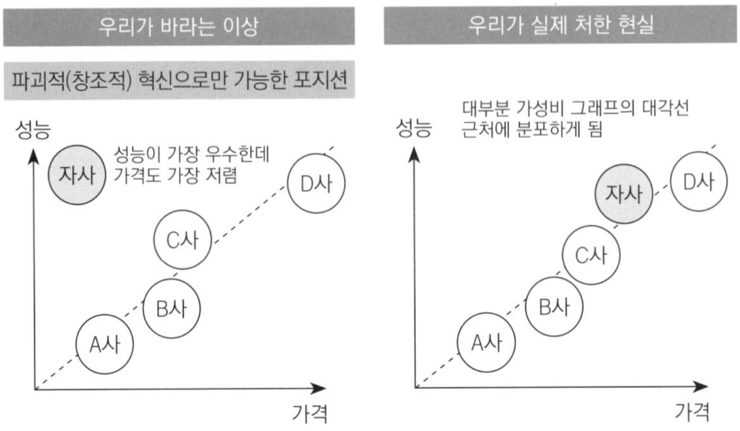

[그림 2-1] B2B 영업의 이상과 현실 (가격 vs 성능)

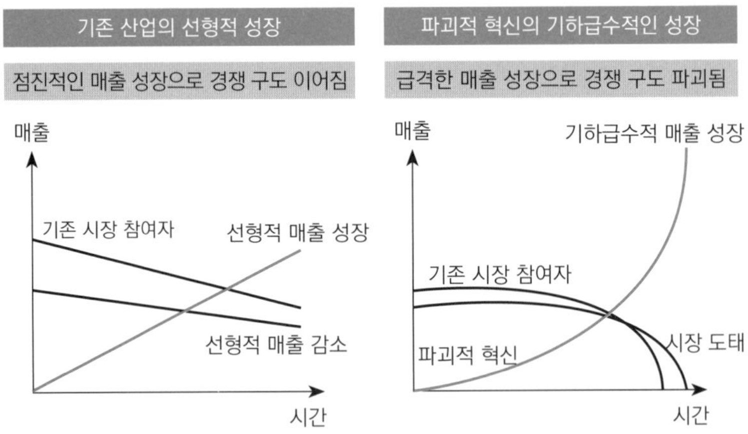

[그림 2-2] 선형적 성장 vs 기하급수적 성장

소와 시장에서의 급속한 도태를 야기한다. 기업들의 기하급수적인 성장의 배경에는 첨단 IT기술의 성장이 있다. 기하급수적인 성장을 대표하는 용어 중의 하나가 바로 반도체 집적회로의 성능이 18개월마다 2배로 증가한다는 무어의 법칙(Moore's Law)이다. 이 기하급수적 성장의 법칙은 이제 메모리, 5G 통신, 인공지능 기술 발전에까지 다양하게 나타나고 있는데, 이러한 기술들의 발전에 기반한 산업의 기하급수적인 변화는 파괴적 혁신을 더욱 가속화한다. 마켓리더의 위치에 있더라도 현재에 안주해 기술 혁신과 기하급수적 성장을 꾀하지 못한다면 한순간에 도태될 수 있다는 우려는 이제 기업들의 일상이 되었다.

4차 산업혁명 시대를 맞아 디지털 트랜스포메이션(digital transformation), A.I 기술 등의 발전으로 기술 혁신이 기하급수적으로 이루어지고 있는 오늘날, B2B 분야에서도 기업의 쇠락과 성장이 거듭되고 있다. 아울러, 기존의 대기업들보다 파괴적 혁신 면에서 더 유연한 수많은 스타트업 기업들이 태동하고 유니콘 기업[3]으로 성장하고 있다. 이러한 변화로 인해 결국 시장은 전통적인 승자도, 영원한 패자도 없이 오직 파괴적 혁신만이 적자생존의 열쇠가 되는 기술 춘추전국시대를 맞은 것이다. 그러므로 급변하는 시장 상황에 맞추어

---

3 유니콘 기업이란 기업 가치가 10억 달러(1조 원) 이상인 비상장 스타트업 기업을 가리키는 말이다. 스타트업 기업이 상장하기도 전에 기업 가치가 1조 원 이상이 되는 것은 유니콘(머리에 뿔이 1개 있는 전설 속 동물)처럼 상상 속에서나 존재할 수 있다는 의미에서 쓰이게 되었다. 이후 유니콘 기업들이 증가하자 기업 가치가 100억 달러(10조 원) 이상인 비상장 스타트업 기업을 데카콘(뿔이 10개 달린 상상 속 동물)으로 부르게 되었다.

수성과 공성에 맞는 B2B 영업 전략을 수립하는 것은 마켓리더에게도 선택이 아닌 필수인 것이다.

본 장에서는 먼저 기술수용주기에 따른 영업 전략 수립 방법에 대해서 알아보고, 다음으로 영업 전술 수립과 관련하여 데이터베이스 기반의 카드 게임 전술에 대해서 살펴보겠다. 그리고 마지막으로 지속적인 성장을 유지하기 위한 신규 시장 개척 및 파괴적 혁신에 대한 대응 방안에 대해서 설명하겠다. 참고로, 영업 전략과 영업 전술의 의미에는 분명 약간의 차이가 있다. 영업 전략이 전반적인 대세에 영향을 주는 일종의 영업 방향성에 대한 것이라면, 영업 전술은 개별 프로젝트들에 실제적인 도움을 주는 영업 방법론에 대한 것이라고 볼 수 있다. 하지만 이 둘을 정확히 구분하는 것에 큰 의미를 둘 필요는 없다. 본 장에서는 영업의 큰 방향성인 기술수용주기 곡선에 따른 영업 전략의 수립 방법에 대해서 논하고, 영업의 세부 방법론인 세일즈 데이터베이스에 기반한 각 프로젝트별 영업 전술 수립 방법에 대해 살펴보도록 하겠다.

1 영업 전략 수립은 왜 필요한가?

기술영업에서 전략 수립은 왜 필요할까? 그 이유는 크게 3가지로 구분해볼 수 있다.

- 첫째, 시장의 변화에 맞추어 적절하게 대응하기 위해서다. 우리가 활동하는 B2B 시장은 특정 패턴을 지니고 시작해서 성장 및 발전을 이룬다. 소위 '기술수용곡선'이라고 하는 일련의 발전 과정을 크게 벗어나지 않는 선에서 변화가 진행되는 것이다. 이는 시장의 현재 단계에서 무슨 일이 벌어질 것인지, 다음 단계에서는 어떠한 일이 벌어질 것인지를 어느 정도 예측할 수 있다는 의미이다. 우리의 목표는 자사의 기술과 제품을 고객사에 인정받고 목표 시장에 안정적으로 안착하는 것이다. 이 목표를 달성하기 위해서는 시장의 성장 변화에 맞추어 적절하게 대응해야 한다. 시장의 변화에 맞추어 적절하게 대응하는 것, 이것이 바로 영업 전략이다.

- 둘째, 우리가 진행하는 모든 개별 프로젝트에서 조금이라도 수주 확률을 올리기 위해서다. 다시 말하면, 각각의 고객사의 수주 건에서 경쟁사를 따돌리고 프로젝트를 성사시키는 승률(winning ratio)을 올리기 위함이다. 개별 프로젝트에는 각각 상이한 변수들이 존재한다. 고객사의 기호도 다르고 경쟁사도 다르

다. 때문에 우리는 각각의 프로젝트에 적합한 영업 전략을 수립할 수 있어야 한다.

◆ 셋째, 끊임없이 바뀌는 시장의 변화에 대응하기 위해서다. 앞에서도 언급했듯이 4차 산업혁명 시대 첨단기술의 발전은 시장에 크나큰 변화를 불러오고 있다. 파괴적 혁신 기술들이 등장하면서 한편에서는 기하급수적 성장을 이루는 기업이, 다른 한편에서는 빠르게 퇴보하는 기업이 나타나고 있다. B2B 시장의 변화 또한 더욱 가속화될 것이다. 이렇게 급격하게 변화해가는 시장에서 현상 유지만 하다가는 도태되기 십상이다. 그러므로 살아남기 위해서라도 우리는 시장의 변화에 대응해서 언제, 어떤 상황에서도 지속적인 경쟁우위를 점할 수 있도록 끊임없이 영업 전략을 도출하고 현업에 적용해야 한다.

다음 절에서는 위의 3가지 이유에 맞추어 어떠한 영업 전략이 적절한지, 어떻게 영업 전략을 수립할 수 있는지에 대해서 살펴볼 것이다. 그리고 기술수용곡선에 따른 영업 전략의 수립, 데이터베이스 기반 영업 전술의 수립, 경쟁 돌파 전략, 신시장 개척 전략 등에 대해서 중점적으로 알아보겠다.

2 기술수용주기에 따른 영업 전략

B2B 산업에서 전자제품과 같은 기술 위주의 제품들은 처음 시장에 소개되는 시점부터 소위 '기술수용주기'에 따라서 성장하고, 성숙되고, 정체기를 거쳐 쇠퇴기를 지나게 된다. 기술수용주기에 따른 시장 대응 전략 이론과 시장 개척 도중 성장이 정체되어 자칫 나락으로 떨어질 수 있는 단계를 지칭하는 '캐즘'이라는 용어가 처음 등장하는 곳은 마케팅의 대가인 제프리 무어(Geoffrey A. Moore)가 쓴 《Crossing the Chasm》이라는 책이다.[4] 이 기술수용주기에 따른 캐즘 마케팅 전략은 B2B 기술영업에 있어서 반드시 알아야 할 중요한 시장 침투 이론이다. 기술 제품 산업이 기술수용주기를 따르는 이유는 기술은 언제나 발전하기 마련이고, 시간이 흐르면 현재의 기술보다 더 뛰어난 기술로 무장된 신제품이 출시되기 때문이다. 결국 기존 제품보다 더 뛰어난 신제품이 출시되면 기존 시장은 쇠퇴기를 거칠 수밖에 없고, 신제품은 새로운 기술수용곡선에 맞추어 성장을

---

4 마케팅의 대가인 제프리 무어가 자신의 저서 《Crossing the Chasm》에서 기술수용주기에 따른 시장 대응 전략 이론을 소개하고, 시장 개척 도중 성장이 정체되어 자칫 나락으로 떨어질 수 있는 단계를 지칭하는 '캐즘'이라는 용어를 처음 사용하였다. 이 책은 1991년 출간된 이래 개정을 거듭하며 많은 비즈니스맨들에게 읽히고 있는데 국내에서는 《제프리 무어의 캐즘 마케팅》이란 제목으로 2015년 출간되었다. 기술수용주기에 따른 캐즘 마케팅 전략은 B2B 기술영업에 있어서 반드시 알아야 할 중요한 시장 침투 이론으로 이에 대해 보다 자세한 내용을 살펴보길 원하는 독자는 해당 도서를 참고하기 바란다.

시작하게 된다. 그러므로 만일 자사의 제품이 이러한 기술수용곡선을 그대로 따라가면서 성장하는 산업군에 속한다면, 반드시 기술수용곡선에 대하여 먼저 알고 각 단계별로 적절한 영업 전략을 수립해 대응해야 할 것이다.

[그림 2-3]은 기술수용주기로 각 단계별 고객 수용도와 전체적인 매출증가곡선을 나타낸 것이다. 신제품이 시장에 출시되면 먼저 혁신수용자들이나 선각수용자들이 해당 제품을 구매해서 사용해 본다. 이때 제품 결함이나 여타의 문제가 발생하면 해당 제품은 더 이상 시장에서 수용되지 못하고 도태될 수 있다. 그러나 선각수용자 단계에서 제대로 대처하여 지속적으로 발전해가다 보면, 입소문을 타기 시작하는 단계인 전기다수수용자 단계로 진입할 수 있다.

문제는 선각수용자 단계에서 전기다수수용자 단계로 넘어가기 전에 죽음의 골짜기인 '캐즘(chasm)'이 존재한다는 것이다. 이 캐즘은 선각수용자들이 받아들인 제품인데도 시장의 보수적인 다수 고객사들이 구매를 주저하면서 생기는 것으로, 이를 넘어서지 못하면 결국 시장에 제대로 안착하지 못하고 퇴출되게 된다. 기술수용주기에 따라 영업을 진행하면서 반드시 극복해야 할 가장 중요한 변곡점인 것이다.

캐즘을 넘어서게 되면 급격한 매출 신장이 이루어지는 전기다수수용자 단계로 진입하게 된다. 이 시점에서 위협적인 경쟁자가 존재하지 않고 시장을 평정하게 되는 '토네이도(tornado) 모드'로 진입하게 되는데, 그러면 해당 제품이 시장에서 제대로 성공했다고 볼 수 있다. 이후 시장은 성숙 단계로 진입하게 되고 매출증가곡선은 [그림 2-3]에서와 같이 정체된다. 그런데 이러한 상태에서 시장에 새로운 제품이 등장하지 않는다면 매출은 정체된 상태로 지속되겠지

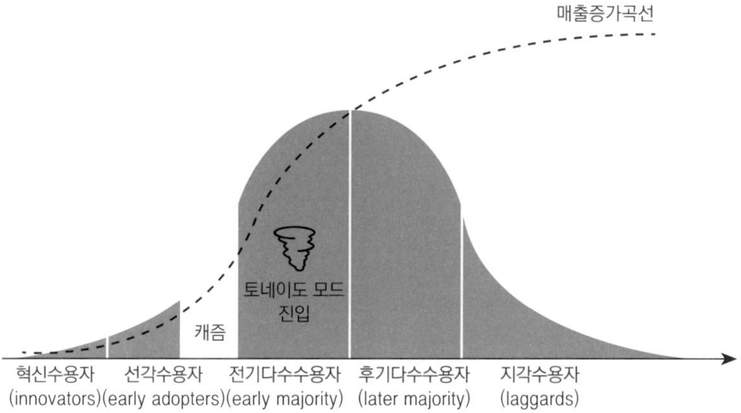

[그림 2-3] 기술수용주기

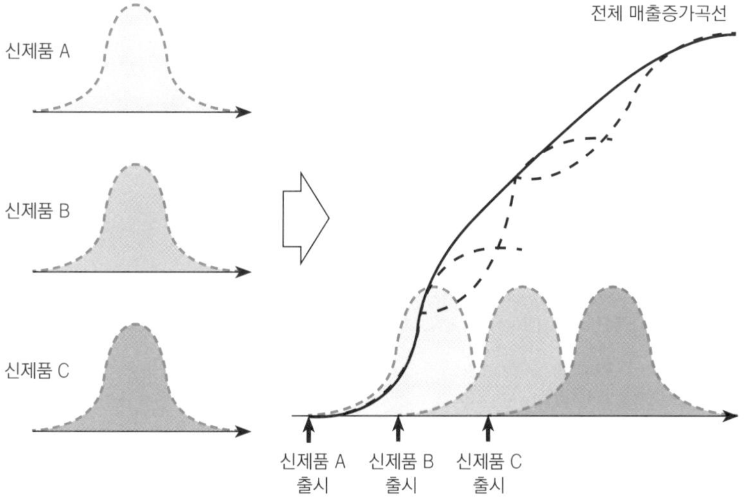

[그림 2-4] 지속적인 매출증가곡선

만, 만일 새로운 혁신 제품이 등장하면 정체 상태에 있던 매출마저 감소세로 돌아서면서 쇠퇴기를 맞이하게 된다. 따라서 우리는 지속적인 성장을 위해 끊임없이 혁신적인 신제품을 출시해야 한다. [그림 2-4]와 같이 기존 제품이 기술수용곡선상에서 매출의 쇠퇴기를 맞기 전에 또 다른 신규 제품을 중첩하여 토네이도 모드에 진입시켜야 하는 것이다.

이처럼 매출이 지속적으로 신장을 해야 신기술 개발과 투자가 이루어지면서 회사가 성장하는 선순환 사이클이 돌게 된다. 만일 [그림 2-5]와 같이 신제품이 중첩되어 성장하는 사이클을 제대로 유지하지 못한다면 자사의 매출 성장은 정체될 것이다. 그리고 매출 성장의 정체는 기술 투자의 정체로 이어지고, 기술 투자의 정체는 또 다른 경쟁력의 하락을 불러와서 악순환이 거듭되는 상황에 처할 것이다. 그러므로 우리가 신제품을 출시하여 신규 시장에 진입을 시도하고 성장하는 것은 기업의 생존을 위한 선택이 아니라 필수임을 기억해야 한다.

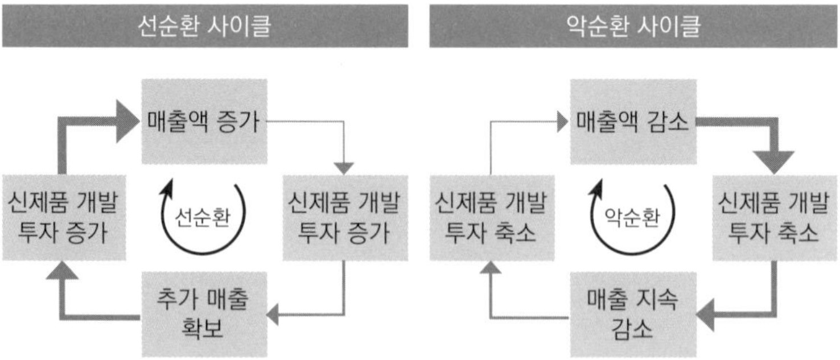

[그림 2-5] 기업의 성장 사이클

2-1 볼링 앨리 전략

이제 기술수용주기별로 우리가 수립해야 할 영업 전략에 대해서 살펴보자. 먼저 자사가 시장에 신제품을 출시하였다고 가정해보자. 이때 신제품은 기존의 자사 제품을 약간 개선해서 새로운 모델을 내놓는 것을 말하는 것이 아니다. 기술수용주기는 기존의 고객사가 사용해본 적이 없는 혁신 기술을 지닌 제품을 출시하거나, 신규 시장에 새롭게 진입을 시도하는 상황이 도래할 경우 시작된다. 그렇다면 이러한 기술수용주기의 첫 단계인 제품 도입기에서 혁신수용자와 선각수용자들에 대응하기 위해서는 어떠한 영업 전략이 필요할까?

B2B에서는 B2C와 다르게 불특정 다수를 향한 대규모 광고를 하기도 어렵고 그런 광고 효과를 낼 수도 없는데, 이런 상태에서 어떻게 신제품의 대량 구매가 이루어질 수 있겠는가? 결국, 시장 내에서는 점진적으로 신제품을 받아들일 수밖에 없다. 때때로 신제품이나 신규 시장에서 매출이 급격하게 신장되지 않는 것을 두고 뭔가 문제가 있는 것이 아닌가 하고 매우 조급해하는 사람들이 있는데, 이는 기술수용곡선에 의거한 자연스러운 현상으로 그다지 우려할 일이 아니다. 오히려 이 단계에서 우리가 집중해서 신경 써야 할 전략은 제품이 출시되었을 때 어떤 고객사에 가장 먼저 소개할 것인지를 결정하는 것이다. 이 결정에 따라서 자사의 제품이 기술수용곡선의 다수수용자 단계에까지 도달해 시장에 안정적으로 안착할 수 있을 것인지, 아니면 다수수용자 단계에 이르지 못하고 도태될 것인지가 판가름 나기 때문이다. 다수수용자 단계에 이르지 못하면, 매출

이 발생하고 있다 하더라도 결국 매출보다 영업 및 부대 비용이 더 높은 상태가 지속되기 때문에 손실이 쌓이고 해당 제품을 시장에서 철수시킬 수밖에 없게 된다.

그렇다면 신제품을 어느 고객사에 먼저 소개하고 영업을 해야 성공적으로 캐즘을 넘어 토네이도 모드로 진입할 수 있을까? 이는 자사 제품의 시장 포지셔닝별로 전략을 다르게 가져가야 한다. 만일 자사의 신제품이 기존 제품이나 경쟁사 제품에 없는 혁신적인 기술로 성능 면에서 확실히 차별화된 특징을 가지고 있다면 어느 고객사에 우선적으로 소개하는 것이 맞을까? 신기술의 가치를 인정해주고 해당 기술이 가져다주는 이득만큼 가격으로 지불해줄 수 있는 곳, 또 시장에서 인플루언서(influencer)의 위치에 있어서 주변 고객사로 확대 판매가 기대되는 곳이 최우선 공략 대상이 될 것이다. 이러한 상황에서 적절하게 사용할 수 있는 영업 전략 중 하나가 바로 볼링 앨리(bowling alley) 전략으로, 이는 볼링을 칠 때 그 중심이 되는 우두머리 격인 헤드핀(head pin)을 타깃으로 우선 공략하여 뒤에 있는 볼링핀들을 연쇄적으로 쓰러트리는 기법에서 유래된 것이다. [그림 2-6]에서 볼 수 있듯이 업계 진입 초창기에 우선 공략 대상 고객으로 헤드핀과 같은 선두업체를 먼저 공략하면, 그 뒤로는 연쇄 반응이 일어나면서 고객사를 공략하기가 더 쉬워지고 시장 내로 급격한 확산을 일으킬 수 있다. 한마디로 톱다운(top-down) 방식과 같은 것으로 이 전략은 시장에 신규 진입하는 단계에서 선택과 집중을 하는 데 도움이 된다.

필자는 볼링 앨리 전략을 항상 수행해왔고 그 효과 또한 여러 번 체험하였다. 그중 기억에 남는 몇 가지 성공 사례를 함께 살펴보자.

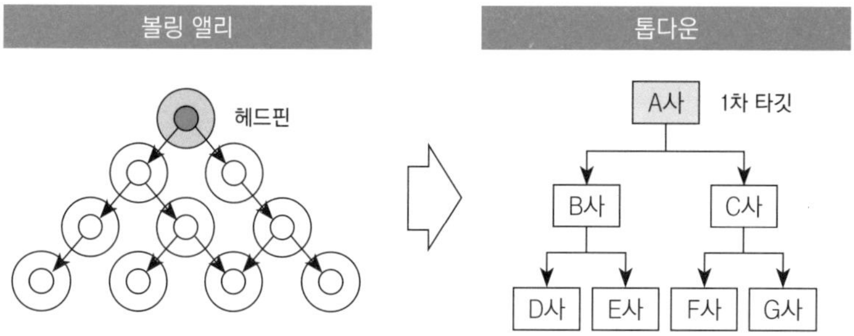

[그림 2-6] 볼링 앨리 전략

신제품 출시 당시 업계의 선두주자로 자리잡은 A사를 집중 공략하여 최종적으로 A사로부터 요구받은 특주 사양의 장비를 개발해 납품에 성공했을 때의 일이다. 그런데 당시 수주 결과는 내용 면에서는 초라한 수준이었다. 납품 수량은 얼마 되지 않았고, A사의 맞춤형 요구 사양은 너무 많아서 대응에 투입된 개발 자원이 엄청났다. 외형으로만 보면 밑지는 장사를 했던 것이다. 그러나 손해를 보고서라도 A사를 우선 공략한 이 전략은 적중했다. 해당 전자제품 제조 시장에서 A사의 영향력과 브랜드 파워(brand power)가 막강했기 때문이다. 대부분의 신흥 제조사들이 생산라인을 구축할 때 A사의 생산라인을 모방해서 구축하였고, 그 덕분에 A사가 도입했다는 이유만으로 자사 제품을 구매 검토하는 고객사가 생겨났다. 볼링 앨리 전략의 성공은 그 뒤로도 한참 동안 자사의 제품이 해당 시장에서 승승장구할 수 있는 계기를 만들어주었다.

신흥 산업에 진출하여 볼링 앨리 전략을 성공적으로 수행한 경험도 있다. 업계 중에는 새롭게 떠오르는 산업이 있기 마련이다. 필자도 이제 막 공격적인 성장을 시작하려고 기지개를 펴던 시장을 공략한 적이 있었다. 해당 산업이 이제 막 시작되었지만 그래도 나름 유명한 업체가 존재했는데 그에 해당하는 업체가 바로 B사였다. 당시에도 B사로부터 상당히 까다롭고 셀 수 없이 많은 특주 개발 요구를 감내해야 했다. 구매 수량도 많지 않고 계약 조건도 매우 불리해서 수주를 해놓고도 사실 도중에 포기하고 싶은 마음이 들 정도였다. 자사보다 앞서 경쟁사 두 곳도 B사에 납품을 시도했다가 B사가 요구한 무제한 개발 요구에 수주를 포기하고 철수한 상황이었다. 게다가 자사 내부에서도 개발 부담에 대한 불만이 고조되었다. 힘든 시기였지만 내부적으로 의지를 다지고 끝까지 고객사 미팅과 개발 대응에 최선을 다한 끝에 결국 납품 검수를 완료하였다. 당시에 해당 산업 자체가 신시장이다 보니 B사는 앞에서 예로 든 A사처럼 선두업체로 자리잡은 곳은 아니었다. 그러나 필자가 B사 납품에 집요하게 매달린 이유가 있었다. 당시 현지 파트너사들이 귀띔해주길 B사가 결국 해당 산업 제조사들의 롤모델(role model)이 될 것이라고 하였다. '롤모델이면 결국 헤드핀이 아닌가?' 이 생각을 붙잡고 어떻게든 B사 공략에 성공하려 힘썼는데 예상대로 그 결과는 매우 긍정적이었다. 이후 해당 산업에 본격적인 투자 붐이 일어났을 때 다른 업체들에 비해 훨씬 손쉽게 수주를 따낼 수 있었다. 신흥 산업에 진출하여 무슨 회사의 제품이 성능이 좋고 가치가 있는지 판단하는 데 어려움이 있던 고객사들이 너도나도 B사 라인을 모방(bnenchmark)하고 B사에 독점 공급했던 자사의 장비를 우선적으로 구매하였던 것이다.

신제품을 개발하여 신규 시장 개척에 뛰어들었을 때도 볼링 앨리 전략의 효과를 톡톡히 보았다. 당시 해당 시장은 신규 시장이었지만 신제품 개발에 적용된 기술은 기존 제품의 기술을 기반으로 하였기에 성능 면에서는 어느 정도 확신이 있는 상태로 시장 공략을 진행하였다. 사실 신시장 개척은 해당 업계의 메이저 고객사가 자사 제품을 검토하다가 자사의 기술력을 자신들의 새로운 어플리케이션 영역에 적용하면 어떻겠느냐고 제안한 것이 계기가 되었다. 이에 자사가 즉각 반응하여 제품 개발을 진행하였는데, 그 이유는 바로 이 업체가 헤드핀이었기 때문이다. 헤드핀을 공략하는 볼링 앨리 전략으로 시장을 성공적으로 이끈 다수의 경험으로 볼 때, 이번에도 헤드핀 공략에 성공한다면 신규 시장에 성공적으로 안착할 수 있을 것이라는 확신이 들었다. 물론 업계에서 내로라하는 메이저 업체인데 공략이 쉬울 수 있겠는가. 장장 2년여에 걸친 수많은 반복 테스트와 평가를 거쳐 결국 헤드핀 고객사 공략에 성공하였고, 현재까지도 해당 시장에서 헤드핀 고객사의 납품 이력(reference)을 무기 삼아 캐즘을 넘어 순항하고 있다.

이처럼 헤드핀을 공략하는 볼링 앨리 전략은 기술이나 성능을 무기로 하는 제품의 초기 공략에서 표준으로 삼아도 될 정도로 강력한 전략이다. 그렇다면 자사의 제품이 경쟁사 제품 대비 성능보다는 가격적인 면에서 메리트가 있을 때는 어떠한 전략이 효과적일까? 가격이 핵심 경쟁력인 제품 역시 볼링 앨리 전략을 수행하는 것이 좋다. 다만, 헤드핀 고객사가 달라지게 되는 것이다. 어느 시장에서나 성능 우위(performance driven)를 중시하는 고객사가 있고, 가격 우위(price driven)를 중시하는 고객사가 있기 마련이다. 가격 우위 시장에 가성비를 무기로 공략할 경우에도 고객사 중에서 업계에 영향력이 큰 업체를 우선적으로 공략하면 된다. 해당 업체가 자사 제품을 구매했다면, 가격 우위 시장에서 여타의 고객사들이 자사의 제품이 가성비가 높다고 생각할 수 있기 때문이다.

필자 역시 가성비를 우선으로 생각하는 시장에 속해 있는 고객사를 대상으로 볼링 앨리 전략을 성공적으로 수행한 경험이 있다. 해당 시장에 속한 고객사들의 기본적인 생각은 '필요한 수준만큼의 성능만 갖추면 됐지, 그 이상의 성능을 지닌 고가 제품은 불필요하다'라는 것이었다. 그런데 필자가 영업을 해야 하는 자사의 제품은 성능이 우수하면서 그에 따라 가격도 비교적 고가였기 때문에 해당 시장에 들어가기가 현실적으로 매우 어려웠다. 말 그대로 보이지 않는 벽이 존재하는 듯했다. 해당 시장에서 유명한 C사를 타깃으로 삼고 두 번의 수주 실패를 겪은 후 '이번이 마지막이다'라는 마음가짐으로 임한 세 번째 도전에서 마침내 수주에 성공하였다. 시장성을 보고 박리다매한다는 생각으로, 고객사가 원하는 성능에 근접하면서 고객사가 동의할 수 있는 수준의 납품가를 제시하여 이끌어낸 결과였다. 이 업체 역시 구매 수량이 많지도 않으면서 장기간 특주 개발만을 요구해왔다. 때문에 자사 내부에서 '가뜩이나 납품가도 낮은데 손해 보는 장사 아니냐?'라는 불평 아닌 불평까지 들어야 했다. 그러나 결국 수주에 성공하고 안정적으로 납품을 진행하자마자 해당 시장에서 입소문이 퍼지기 시작했다. 가성비 시장의 헤드핀이던 C사가 선택한 곳이니 다른 업체들 역시 자사 제품의 가성비를 믿고 찾게 된 것이다. 이후 해당 시장에서 대규모 투자 붐이 일어났을 때에는 대량 수주의 기쁨을 누리게 되었다.

기술수용 초기 단계에서 볼링 앨리 전략을 충실히 수행하는 것

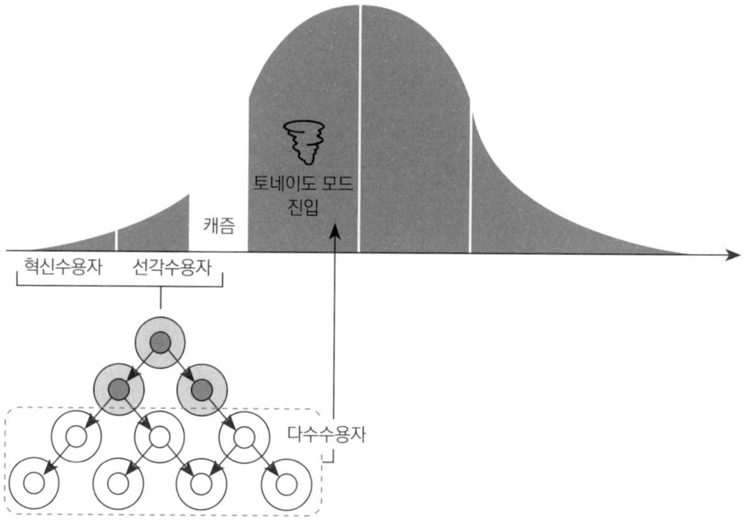

[그림 2-7] 기술수용주기에 따른 볼링 앨리 전략

은 매우 중요하다. 볼링 앨리 전략을 수행함으로써 영업 상황이 전개되는 양상을 가만히 살펴보면 [그림 2-7]에서처럼 헤드핀을 공략하여 해당 납품 이력을 기반으로 시장 확산을 하는 볼링 앨리 전략과, 기술수용주기에서 선각수용자 단계를 넘어 전기다수수용자 단계로 진입한 뒤 토네이도를 일으켜서 시장을 점령하는 일련의 과정이 일맥상통한다. 그러므로 기술수용주기에 입각하여 우리가 반드시 건너야 하는 선각수용자와 전기다수수용자 사이에 걸쳐 있는 죽음의 골짜기인 캐즘을 수월히 건너기 위해서라도, 우리는 신규 업계 진입 초창기부터 헤드핀을 제대로 선정하여 볼링 앨리 전략을 충실히 수행해야 할 것이다.

그런데 신제품을 시장에 소개할 때 볼링 앨리 전략을 구사하지 않고 관심 있는 고객사를 대상으로 우선적으로 영업을 시작한다면 어떻게 될까? 그렇다고 판매에 실패한다고 볼 수는 없다. 오히려 초기 진입 시에는 비주류 고객사가 헤드핀 고객사보다 덜 까다로워 상대적으로 수월하게 시장에 진입할 수 있다. 그러나 물이 위에서 아래로 흘러가듯이 시장에서의 입소문은 마켓리더(market leader) 격인 헤드핀 고객사로부터 하위의 고객사로 퍼지는 것이다. 시장에서의 입소문은 곧 어느 고객사가 해당 제품을 구매해서 사용하고 있는지 '고객사 납품 이력(customer reference)'에 관한 것이다. 이 납품 이력은 영업을 수행하는 데 매우 지대한 역할을 한다. 동종업계의 리더 격인 고객사들을 납품사 이력으로 두고 영업을 시작하는 것과 그렇지 못한 것에는 천지 차이가 있다.

초기에 신제품 시장에 진입할 때 볼링 앨리 전략에 입각해 고객사 영업을 하지 않고 그냥 마구잡이로 비주류 고객사부터 시작하면 입소문 효과인 납품 이력의 혜택을 전혀 받지 못하게 된다. 그리고 이후에도 강의 상류인 마켓리더 쪽으로 올라가기가 매우 힘들다. 그 이유는 업계의 헤드핀 고객사가 자사 제품을 구매하면 대부분의 다른 고객사들도 제품 성능 평가 없이 그냥 구매를 결정하지만, 반대로 비주류 고객사가 자사 제품을 구매했다고 해서 헤드핀 업체들이 아무런 평가 없이 구매를 결정할 리 없기 때문이다. 즉 자사의 영업 활동이 지속적인 제품 성능 검증을 거치며 (강을 거슬러 오르는 것과 같이) 매우 비효율적으로 진행될 수밖에 없다. 또한 비주류 고객사부터 영업을 시작해 시장점유율을 조금씩 올려오고 있었는데 경쟁사가 헤드핀 고객사에 납품을 성공하는 바람에 이제까지 납품했던 업체들까지도 모두 헤드핀 고객사의 결정을 따라간다면, 힘들게 만들어온 시장을 하루아침에 빼앗길 수도 있다.

2-2 캐즘 극복 전략

기술수용주기에서 보면 선각수용자 단계에서 토네이도가 일어나는 전기다수수용자 단계로 들어가기 전에 '캐즘'이라는 죽음의 골짜기를 만나게 된다. 이 캐즘이라는 시기를 맞닥뜨리게 되는 이유는 기술에 호기심이 많으며 신기술에 비교적 열린 마음을 지닌 혁신수용자와 선각수용자가 초기에 신기술을 도입했다고 해서 나머지 다수의 고객사가 곧바로 해당 신기술을 도입하지는 않기 때문이다. 시장의 다수의 고객사들은 신기술 도입에 보수적이며 신기술 도입에 대한 동기가 쉽게 촉발되지 않는다. 따라서 다수의 고객이 신기술을 받아들이도록 동기 부여를 하기 위해서는 뭔가 특별한 방안이 필요한데, 이것이 곧 캐즘 극복을 위해 우리가 세워야 하는 영업 전략의 기반이 될 것이다.

그렇다면 효과적으로 캐즘을 극복하기 위해서 보수적인 다수 수용자들을 설득시키는 데 사용 가능한 영업 전략에는 어떤 것이 있을까?

◆ 첫 번째는 **제품 사양의 다변화** 전략이다. 사람마다 입맛이 제각각인 것과 마찬가지로 고객사들이 원하는 제품 사양도 가지각색이기 마련이다. 만일 신제품 초기 도입 단계에서 시장 개척과 매출 성장이 정체된다면 우리는 추가적인 고객사 발굴을 위해서라도 제품 사양 다변화 전략을 고려해볼 수 있다. 이는 또다시 새로운 제품을 만드는 것이 아니라, 자사가 관리 가능한 수준에서 제품의 사양을 특정 고객사들의 요구에 맞춘 추가 사양으로 제공하

는 것이다. 예를 들어, 시장에서 주류가 되는 제품 사이즈로 초기 주류 시장에 진입하였다면, 이제는 그 외의 소형화 제품이나 대형 사이즈 제품을 원하는 고객사로 눈을 돌려봐야 할 때라는 것이다. 이러한 제품 사양의 다변화는 해당 제품을 필요로 하는 고객사만을 위해 일종의 특주 개발 대응을 제공하는 것과 같아서 자사의 신제품 도입에 보수적인 고객일지라도 신제품으로 전환할 가능성이 높아지게 된다.

필자도 신시장 개척용 신제품의 판촉 활동을 수행할 때 볼링 앨리 전략을 구사했었고, 결국 어느 시점에 시장 확산에 정체가 시작되는 캐즘 단계에 도달한 적이 있었다. 해당 산업은 사람의 생명과 연관되는 제품을 생산하는 산업이라서 매우 보수적인 특성을 지녔고 다수 수용자로의 전환이 더더욱 어려운 산업이기도 했다. 그래서 고객들의 다양한 생산 방식과 요구에 맞추어 스테이션 생산 대응용 제품이나 자동화 라인 대응용 제품, 반자동 라인 대응용 제품 등을 추가 개발하여 해당 산업 내에서 잠재 수요 고객의 저변 확대를 추진하였다. 이로써 경쟁사와의 시장 대응력에 대한 격차를 벌리는 효과도 보았는데, 사양 다변화에 소극적이던 경쟁사 제품들은 제품의 포트폴리오 면에서 자사에 밀릴 수밖에 없었고 시간이 흐를수록 자사와의 격차는 더욱 심화되었다.

◆ 두 번째는 신제품의 특성에 비교적 적합한 **틈새시장이나 신규 시장을 찾아서 공략**하는 전략이다. 예를 들면 해당 제품의 기술을 추가적인 하드웨어 개발과 접목시켜 새로운 산업에서 추가 수요를 발견할 수 있다. 이러한 틈새시장이나 신규 시장 공략의 포인

트는 자사 제품의 핵심 기술을 그대로 사용하면서 해당 시장의 고객사 요구사항에 대응할 수 있도록 제품 사양에 변화를 주는 것이다. 이를 위해서는 해당 시장의 고객사가 필요로 하는 것이 무엇인지 철저히 자료를 수집하고 분석해야 한다. 이러한 작업을 통해 캐즘을 극복하고 시장 확대를 꾀할 수 있다.

◆ 세 번째는 **볼링 앨리 전략을 충실히 이행**하는 것으로 이는 캐즘 극복 방안 중 가장 중요한 전략이라 할 수 있다. 헤드핀 고객사를 선정한 후 1차, 2차, 3차 공략 대상을 선별하고 그 영업 전략에 맞추어 볼링 앨리 전략을 충실하게 수행한다면 우리는 캐즘에 빠지지 않고 대량 구매가 촉발되는 토네이도 단계로 진입할 수 있다.

2-3 경쟁 돌파 전략 1: 고객의 눈높이를 향상시켜라!

신규 시장에 성공적으로 진입하고 캐즘도 넘어서서 안정적인 매출을 올리고 있다고 가정해보자. 이러한 단계에서는 어떠한 영업 전략을 수행해야 할까? 앞서 설명한 고객의 기술수용곡선 외에 추가로 기술 요구 그래프를 하나 더 알고 가야 한다. [그림 2-8]의 그래프를 보면 모든 고객사는 나름대로 해당 기술에 대한 요구 수준을 가지고 있으며, 그 요구 수준 아래에서는 더 나은 기술이 소개되면 그에 비례해 고객의 만족도 또한 올라간다. 그러나 고객이 요구하는 기술 수준을 넘어서면, 아무리 뛰어난 기술이 소개되더라도 고객의 만족도가 그에 비례해 올라가지 않는다. 결국, 고객이 원하는 제품은 고객이 원하는 기술 수준을 만족시키면서 그에 알맞은 가격대를 제공하는 제품인 것이다.

문제는 우리는 시장에서 경쟁사와의 기술 경쟁에 직면해 있다는 것이다. [그림 2-9]의 왼쪽 그래프와 같이 고객사가 원하는 기술 수준을 만족시켜 시장에 성공적으로 진입한 자사가 토네이도 모드로 진입한 반면, 이제 막 신규 제품을 출시하고 자사를 따라오고 있는 경쟁사들이 있다면, 해당 경쟁사들은 아직도 고객사의 기술 요구 수준에는 미달한 상태라서 고객사는 결국 자사의 기술에 대한 가치를 제대로 평가해줄 것이다. 그러나 시간이 지나면 경쟁사도 부단한 기술 진보를 통해 고객사가 요구하는 기술 수준에 부합하는 단계에 도래할 것이다. 이처럼 자사와 경쟁사 모두 고객사의 기술 요구 수준에 부합하게 되면 고객의 입장에서 볼 때 자사 제품에 대한 기술 메리트가 사라지게 된다. 그러면 자사 제품이든 경쟁사 제품이든 기술 성능 측면에서는 차이가 없으니, 이제 기술 이외의 다른 조건을 두고 치열하게 경쟁해야 하는 양상으로 흘러가게 되고 시장에서 자사의 매출은 정체 내지 감소하는 수순을 밟게 된다.

그렇다면 이러한 상황에서도 지속적인 매출 신장을 이끌어낼 수 있는 영업 전략은 무엇일까? 그 해답은 바로 고객사의 기술 요구 수준에 있다. 만일 어떠한 이유에서 [그림 2-9]의 오른쪽 그래프와 같이 고객사의 기술 요구 수준이 기존 수준보다 올라간다면, 어떻게 될까? 그러면 이제 막 고객사의 기술 요구 수준까지 올라온 경쟁사의 경우 다시 고객의 눈높이에 미달되는 상황에 처하게 되고, 우리는 다시 고객사로부터 기술 성능에 대한 가치를 인정받을 수 있다.

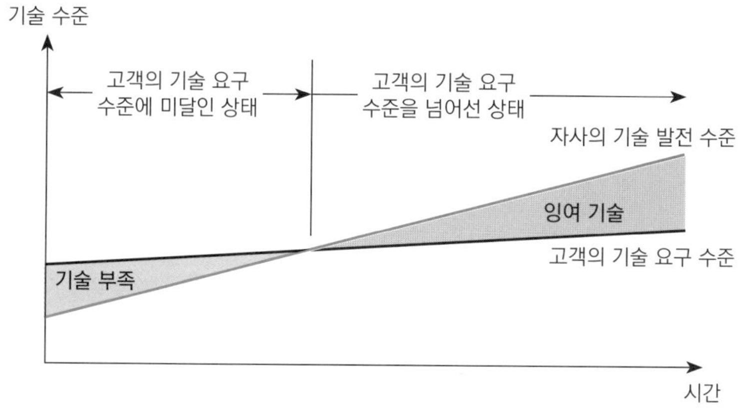

[그림 2-8] 고객의 기술 요구 수준 그래프 1

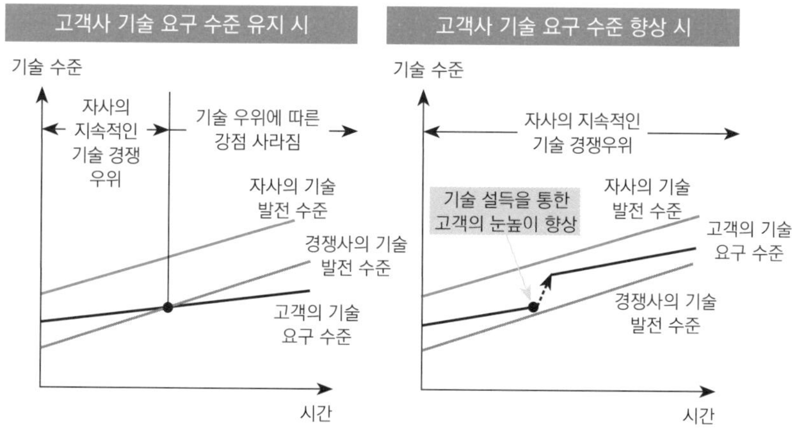

[그림 2-9] 고객의 기술 요구 수준 그래프 2

그러므로 우리는 고객사의 기술 요구 수준을 향상시킴으로써 경쟁사와의 경쟁 구도에서 우위에 서야 한다. 고객사의 기술 수준을 향상시키는 방안은 바로 부단한 기술의 진보와 함께 이를 제대로 고객에게 인식시킬 수 있는 기술영업이다. 자사 제품의 뛰어난 성능과 신기술의 가치를 고객에게 설득시킴으로써 기술 성능에 대한 고객의 눈높이를 상승시키고, 우리는 경쟁사가 도달할 수 없도록 기술 요구 수준의 눈높이를 더 올려버리는 것이다. 이것이 바로 경쟁사들을 끝없이 따라오도록 하면서 결국 제풀에 지치게 만드는 '끊임없는 고객 눈높이 향상' 전략이다.

필자 역시 고객의 눈높이를 향상시키는 전략을 성공적으로 구현해 경쟁사들의 추격을 따돌린 경험이 있다. 필자가 영업을 했던 제품은 고객사 라인에서 생산성을 높이는 데 필요한 것이었다. 초기에 이 제품을 고객사에 영업할 때는 본연의 성능인 생산성 향상에 집중하였다. 경쟁사보다 월등한 생산성을 고객사로부터 인정받아서 시장 내에서 지속적인 매출 신장을 이룰 수 있었다. 하지만 시간이 흐르면서 경쟁사들도 고객사의 요구수준에 부합하는 생산성 향상 성능을 내기 시작하였다. 이후 자사는 생산성 향상 성능과 함께 생산 품질 향상에 도움을 줄 수 있는 솔루션 소개에 집중하였다. 그 결과 '생산성 향상만이 가능한 제품' 대비 '생산성 향상에 더해 품질까지 향상시킬 수 있는 제품'으로 경쟁 구도가 바뀌었고 고객의 눈높이도 향상되어 기술을 인정받고 꾸준한 매출 신장이 이루어졌다. 시간이 지나 또다시 경쟁사들이 품질 향상 솔루션을 개발하여 들고 나왔을 때 자사는 생산성 향상과 품질 향상에 더불어 인건비까지 줄일 수 있는 자동화 솔루션 영업에 집중하였다. 이후 고객의

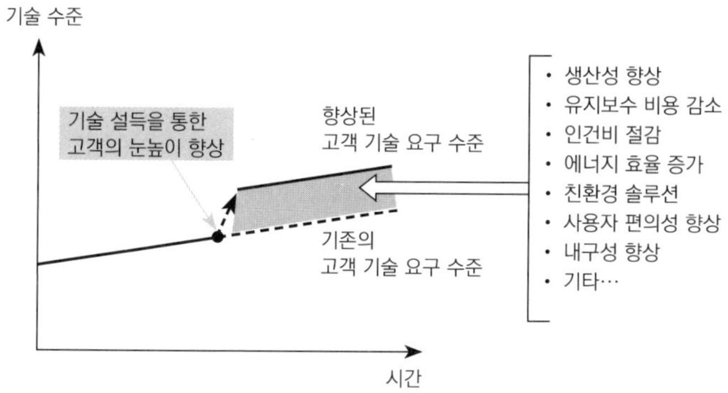

[그림 2-10] 고객의 기술 요구 수준의 향상

눈높이는 다시 한 번 조정되어 인건비까지 절감할 수 있는 제품으로 기술 요구 수준이 향상되었다[그림 2-10].

2-4 경쟁 돌파 전략 2: 게임의 규칙을 바꿔라!

지속적인 매출 성장을 위한 또 다른 영업 전략으로 '게임의 규칙 전환(changing rule of game)' 전략이 있다. 경쟁사와 우리가 하고 있는 영업은 일종의 게임과 같다. 수주를 하는 자가 게임의 승자이고 수주를 놓치면 패자가 된다. 그런데 게임에는 늘상 규칙(rule)이 있기 마련이고 게임 참여자들은 이 규칙에 맞추어 게임을 진행한다. 우리가 기술영업을 하는 데 중요한 전략 중의 하나는 상황에 맞추어 자사가 게임에서 유리하도록 이 게임 규칙을 주도적으로 바꿀 줄 알아야 한다는 것이다. 앞서 설명한, 고객사의 기술 요구 수준을 지속적으로 바꾸어버리는 영업 전략도 일종의 게임 규칙을 바꾼 것이라 볼 수 있다. 게임 규칙을 자사에 유리하도록 변경하였기에 경쟁사들의 추격을 지속적으로 따돌릴 수 있는 것이다.

그렇다면 영업에서 '게임 규칙'이라는 것은 무엇을 의미하는 것일까? 이것은 바로 '시장의 패러다임'을 의미한다. '이 제품의 성능은 이래야 되고, 이 기능은 여기에만 써야 되고……' 하는 식으로 고객사와 자사, 경쟁사들이 오랜 기간에 걸쳐 시장 내에서 형성해놓은 패러다임이 게임의 규칙이다. 따라서 '게임의 규칙 전환'이라는 의미는 이렇게 시장에 형성되어 있는 패러다임을 바꾼다는 의미가 된다. 앞서의 예시에서도 사실 시장에 생성된 패러다임을 바꾼 것이다. '생산성 향상을 위한 제품은 생산성 향상만 하면 된다'는 원래의 패러다임에서 '생산성 향상도 필요하고 품질까지도 향상해야 한다'라는 패러다임으로 전환을 이룬 것이고, 거기에서 한 번 더 '생산성 향상도 하면서 품질도 향상해야 하고 인건비까지 절약해야 한다'로 패러다임 전환을 이룬 것이다. 이렇게 패러다임을 전환하면서, 즉 게임의 규칙을 전환함으로써 기존의 패러다임에서 승자가 되기 위해 부단히 노력을 경주해오고 있는 경쟁사들을 한번에 무력화시킬 수 있다. 이러한 게임의 규칙 전환은 사실상 뒤의 영업 전략 수립 편에서 설명할 '파괴적 혁신(disruptive innovation)'과 '창조적 혁신(creative innovation)'과도 그 의미가 연결된다. 이 2가지 혁신이 무엇인지는 이후 상세히 설명하겠다.

그렇다면 패러다임 전환은 언제 어떻게 할 수 있는 것인가? 이를 알기 위해서는 기술과 시장에 대한 통찰력을 지녀야 한다. 그리고 항상 다르게 생각할 수 있도록 깨어 있어야 한다. 관성에 젖어 보이는 것만 보면 패러다임에 갇히고 만다. 고객사의 숨겨진 니즈를 파악하고 어느 수준까지 기술 개발을 이룩하면 패러다임 전환을 이룰 수 있을지 판단한 후 전사적으로 주도면밀하게 이를 준비해야 한다. 그러고 나서 기술영업을 통해 시장 내에서 패러다임을 전환시킬 수 있어야 한다. 뭐든지 최초는 어렵다. 패러다임 전환을 통해 게임의 규칙을 전환하는 것도 매우 어려운 일이다. 하지만 일단 성공하고 나면 그 가치는 빛나고 시장에서 승자의 위치에 서게 될 것이다. '게임의 규칙을 바꿀 것인가? 아니면 바뀜을 당할 것인가?' 이 질문은 곧 우리가 시장에 대한 깊은 통찰력을 바탕으로 기술영업을 제대로 하고 있는지, 아니면 그냥 어느 정도의 기술지식을 바탕으로 영업을 하고 있는지를 판단해주는 날선 잣대가 될 것이다.

2-5 경쟁 돌파 전략 3: 비교우위가 아닌 유일무이가 정답이다!

우리는 일반적으로 자사의 제품 특성 중에서 경쟁사 제품보다 더 나은 성능을 찾고, 경쟁 상황에서 고객에게 이러한 부분을 부각시키는 데 집중한다. 하지만 아쉽게도, 보다 나은 성능을 찾아서 그것이 경쟁력인 양 강조하더라도 우리는 끝없는 가격 경쟁과 무리한 가격 협상의 스트레스로부터 탈피할 수 없다. 이유는 고객의 입장에서 볼 때 '더 나은 성능'은 무조건 해당 제품을 구매해야 하는 차별화된 성능이 아니라, 그저 경쟁사보다 좀 더 나은 비교우위 수준이기 때문이다. 이러한 경쟁 상황을 돌파하고 고객에게 제품 가치를 제대로 인정받는 기술영업을 하려면 경쟁을 바라보는 우리의 개념부터 바꾸어야 한다. 경쟁사 제품보다 더 나은 자사 제품의 특징이 무엇일지 고민하기보다는 '경쟁사에는 없는데 자사 제품만이 지닌 특징이 무엇일까?'를 항상 머릿속에 염두에 두고 고민해야 한다. 나아가 자사 제품만의 독특한 특징을 고객 가치와 연결시킴으로써 '비교우위 경쟁 구도'에서 탈피하여 경쟁사는 안 되고 자사만 가능한 '유일무이 구도'로 전환해야 한다.

자사만이 지닌 유일무이한 특징 중에는 제품 개발 단계에서부터 차별화 포인트로 준비하여 한눈에 파악할 수 있는 것들도 있지만, 자사 제품은 원래 그렇게 작동한다는 고정관념에 사로잡혀 놓치는 특징들도 많이 존재한다. 따라서 우리는 자사 제품의 드러나지 않은 고차원적인 차별점들을 찾아내어 유일무이 구도에 사용할 무기로 전환할 수 있어야 한다. 이를 위해 '경쟁사와는 무조건 유일무이 게임만을 한다'라는 확고한 생각을 가지고 자사와 경쟁사 제품의 기술 특징, 작동상의 특징, 시장의 기술 트렌드를 파악하고 이것들과 고객의 숨은 니즈를 연결시키기 위해 부단히 노력해야 한다. 이러한 과정을 거듭하다 보면 어느 순간 통찰력이 발휘되면서 자사의 유일무이한 차별점을 발견할 수 있다.

한편, 이러한 유일무이한 차별점은 기존에 미처 알아채지 못했던 것일 수도 있지만, 현재 자사의 제품에 존재하지 않는 특징이라서 새로이 개발해야 하는 것일 수도 있다. 이런 경우에는 기존의 특징에서 타협하는 것이 아니라 '유일무이한 경쟁 외에 대안은 없다!'라는 자세로 시간과 비용이 들더라도 기술 개발을 추진해 유일무이한 경쟁 구도로 전환해야 한다. 새로운 기술을 개발하는 데 소요되는 비용이 그러한 시도를 하지 않고 비교우위 경쟁 구도에 계속 머무르면서 가격 경쟁으로 낭비되는 비용보다 더 가치 있는 것이다. 또한 이러한 방향이 기술영업이 지향해야 할 올바른 방향이다.

2-6 매출 목표와 가격 전략

B2B 기술영업 전략을 논할 때 절대 빠질 수 없는 것이 바로 매출 목표(sales target) 설정과 판매가격 전략이다. 당연한 이야기지만, 가격을 낮추면 가격 경쟁력이 올라가서 전체적으로 판매량이 증가한다. 이처럼 매출 목표와 가격 전략은 상관관계를 지니기 때문에 항상 같이 고려되어야 한다. 그럼에도 불구하고 많은 기업에서 이러한 상관관계를 고려하지 않은 채 매출 목표만 따로 분리해서 전략을 수립하고 있다. 가령 한 회사의 매출이 늘면 이 회사는 치열한 경쟁 상황에서 매출 신장에 성공했으니 영업을 잘했다고 판단할 수 있을까? 이를 명확히 판단하려면 매출뿐만 아니라 이익률을 추가로 분석해야 한다. 만일 해당 회사가 매출이 오른 이유가 대규모 가격 할인 때문이라면 판매 이익률은 오히려 떨어져 회사의 전체 이익은 줄어들 수도 있다. 결국 가격 전략(판매 이익률) 없이 판매 목표만 고려한다면 그냥 싸게 할인해서 팔면 되므로 사실 목표 달성은 쉽다. 그렇기에 가격 전략 없는 매출 목표를 논하는 것 자체가 실은 난센스다.

그렇다면 매출 목표와 가격 전략, 2가지를 가지고 영업 전략을 수립할 때 고려해야 할 핵심 사항은 무엇일까?

◆ 첫 번째 핵심 사항은 **이익의 극대화**다. 엄밀히 말하면 가격 전략은 판매 이익률과 직결되어 있고, 판매 이익률과 매출 목표는 상호 영향을 주는 변수이다. 박리다매를 해도 이익이 날 수 있고, 매출은 낮아도 단가를 높게 받았다면 이익이 날 수 있는 것이다. 하지만 박리다매도 일정한 수량 이상을 팔아야 효과가 있지, 얼마 팔지도 못하면 오히려 손실로 이어진다. 또한 높은 판매가격만을 고집하다가 시장점유율 하락으로 이어져 손실이 날 수도 있다. 결국 매출 전략과 가격 전략의 첫 번째 골자는 '어떠한 가격대에 얼마큼 팔아야 이익이 극대화될 것인가'이다. 어떨 때는 박리다매가 적합한 전략이 될 수 있고, 어떨 때는 가격을 지키는 것이 적절한 전략이 될 수 있다. 이것이 매출 목표와 가격 전략의 핵심이다. 그러므로 단순하게 매출 목표에만 너무 집착하여 영업 성과를 논하거나 이익률만 따지는 우를 범하지 말자. 만약 사내 고정비를 계산할 수 있다면 매출보다는 판매 이익을 목표 지표로 삼는 것이 더 타당할 수 있다.

◆ 두 번째로 고려해야 할 핵심 사항은 **타당한 매출 목표의 산출**이다. 너무 쉽게 도달할 수 있는 지표를 매출 목표로 세우면 그로 인해 매출 신장의 동기가 저하될 수 있다. 반대로, 터무니없이 높은 매출 목표를 세우면 달성 확률 자체가 요원하기 때문에 매출 달성 의지가 꺾일 수 있다. 즉 지속적인 매출 신장의 동기 부여는 타당한 매출 목표를 산출하는 데서 비롯된다고 볼 수 있다.

그렇다면 매출 목표는 무슨 근거로 어떻게 산출하는 것이 타당할까? 먼저 단순하게 생각하자면, 연평균 성장률(Compound

Annual Growth Rate, CAGR)을 기준으로 매출 목표를 세우고 거기에 달성 의지를 감안해서 조금 더 높게 세우면 될 것이다. 그런데 시장이 기술수용주기에서 고속 성장기를 지나서 성숙기로 접어드는 단계라면 과거의 성장률을 유지하지 못할 수도 있고, 경기 전망이 어두워 시장 자체가 침체기로 접어들 수도 있다. 이러한 경우에는 시장 상황이 반영되지 않은 단순한 매출 목표는 공허한 외침이 될 수밖에 없다. 따라서 매출 목표에는 기술수용주기에 따른 시장의 성숙도까지 반영해야 한다. 이때 중요한 포인트는 기술 성숙도는 한 회사 내에서 판매하고 있는 제품별로 각기 다르게 산출해야 한다는 것이다. 예를 들어, 성숙기에 접어들어 판매량이 증가하고 있는 A제품과 이제 막 시장에 진입한 B제품의 성장 속도와 매출 규모는 다르다. 그러므로 이를 각기 따로 분리해서 해당 제품의 기술 성숙도와 시장의 성숙도를 고려하고, 앞서 설명한 MGR과 MPR 등도 고려해서 합리적으로 매출 목표를 산출해야 한다.

한편, 이렇게 산출된 매출 목표는 시장에 외적 영향이 가해지지 않고 이전의 상황이 앞으로도 지속적으로 유지된다는 전제하의 매출 목표이다. 때문에 여기에 추가로 경기 지표를 변수로 고려해야 한다. 그중 매출 목표 산출에 도움이 될 만한 경기 지표로 제조업 구매관리지수(Manufacturing PMI)와 경제협력개발기구(OECD)가 추정하는 경기선행지수(Composite Leading Indicator, CLI)가 있다. PMI 지수는 50을 기준으로 하여 그 이하이면 경기 하락을 의미하고, 그 이상이면 경기 상승을 의미한다. 그리고 CLI 지수의 상승과 하강 추세를 통해 향후 6~9개월 후 경기 위축과 경기 확장을 가늠해볼 수 있다. 지역별, 국가별로 이 지수들의 추이와 자사 매출의 상관관계를 도출하여 매출 목표에 적절하게 가감해야 한다. 단, 제조업 구매관리지수는 과거 데이터로 미래를 예상하는 데 한계가 존재하기 때문에 추가로 IMF나 국제기관들의 세계 경제성장률 예상치 등도 함께 참고하여 타당한 매출 목표를 세워야 한다. 이렇게 시장 상황과 경기까지 감안하여 세운 타당한 수준의 매출 목표는 구성원 모두의 공감을 얻어 매출 달성의 의지를 북돋는 강력한 동기부여 지표가 될 수 있다.

◆ 세 번째로 고려해야 할 핵심 사항은 **자사의 시장점유율과 이익률의 균형**이다. 기업은 판매 활동을 진행하면서 매출과 이익이라는 2가지 변수의 상호작용으로 다양한 상황에 놓일 수 있다. 일례로 통상 기업들은 매출로 대표되는 시장점유율과 이익률로 추진했던 매출 전략 대비 성과를 주기적으로 분석한다. 만일 시장점유율 확대가 주요 영업 목표이고 이를 달성하기 위하여 적극적으로 각종 할인 정책을 펴서 매출은 크게 늘었는데, 이익률은 하락하고 있다면 무슨 전략을 취해야 할까? 당연히 이제부터는 할인 정책을 줄이고 가격을 지켜서 확대된 점유율을 바탕으로 전체적인 이익률을 올리는 전략을 우선시해야 한다. 물론 반대의 경우에는 가격 할인폭을 늘려서 매출 신장을 통한 점유율 확대를 꾀해야 한다. 결국 지속적으로 안정적인 성장을 이루기 위해서는 그때그때 점유율 확대와 이익률 상승의 균형을 맞춰나가야 하는데, 이것이 곧 매출 상황에 따른 매출 목표와 가격 전략을 수립하는 기본 상호작용이다.

◆ 마지막으로 고려해야 할 사항은 **경쟁 구도 변화에 대응**하여 매출 목표와 가격 전략을 유동적으로 수립해야 하는 것이다. 예를 들어, 기술수용주기 초입 단계에서 경쟁사가 없고 잠재 고객사 또한 얼마 없는 상황이라면 굳이 가격 할인을 통해 매출 확대를 꾀할 필요가 없다. 반면 다수수용자가 구매를 시작하는 단계에서 경쟁사가 출현했다면, 이익률이 약간 훼손되더라도 빠른 시간 내에 시장점유율과 매출 확대를 동시에 이루는 전략이 더욱 효과적이다. 그리고 보수적인 후기다수수용자 고객사들의 구매 단계에서는 적당한 성능에 저렴한 가격의 제품이 각광을 받을 수 있다. 이러한 상황에서는 후발 주자로서 열등한 제품 성능으로 무시되던 경쟁사들이 강력한 위협으로 부상할 수 있는데, 이때는 기술영업을 통해 고객의 눈높이를 향상시키는 전략을 선제적으로 수행해야 한다. 물론 이러한 전략도 극도의 가성비를 따지는 고객들 앞에서는 효과 면에서 한계에 봉착할 수 있다. 결국 판매가격은 경쟁사들의 유입으로 치열해지는 경쟁 상황과 고객의 끊임없는 가격 인하 압박으로 인해 점진적으로 낮아질 수밖에 없는 것이 현실이다.

기술이 주가 되고 가격에 비교적 둔감한 기술수용주기 초입 단계에서는 우수한 제품 기술로 시장을 장악해나가는 자사가 판매가격을 주도할 수 있다. 하지만 기술수용주기 후반부에 들어서면 가성비를 따지는 고객사들이 출현하면서 주도적인 고객층의 구매 성향이 달라진다. 이때 시장 침투의 기회를 노리는 경쟁사들이 적당한 성능과 낮은 가격을 앞세워 판매가격 경쟁을 주도하게 되는데, 이러한 상황이 예상되면 가격 정책에 대한 입장을 대대적으로 수정해야 할 시점이다. 시장의 리더로서 영위해온 주도적인 시장가격 결정 파워를 내려놓을 시점인 것이다. 이제 가격 면에서는 기존의 주도적 입지를 탈피해 시장 방어적인 입장에서 유연한 가격 전략으로 전환해야 한다. 자사가 주도해온 시장에 경쟁사들이 얼마나 낮은 가격을 제안하면서 침투해오는지를 면밀히 주시하면서 경쟁사로부터 시장 방어가 가능한 수준까지 가격을 낮추는 작업을 해야 한다.

물론 자사의 이익률을 심각하게 훼손하면서까지 경쟁사 가격대에 근접하는 수준으로 가격을 낮출 필요는 없다. 기존에 자사의 제품을 사용하고 있는 고객사들이 경쟁사의 저렴한 제품을 선택하려고 할 경우, 소위 유무형의 전환비용(switching cost)이 발생하기 때문이다. 예를 들어 새로운 제품을 구매해서 사용하려면 교육도 받아야 하고 스페어파트 구매, 공정 수정 등이 발생한다. 또한 기존에 자사와 고객사 사이에 형성된 인맥이나 신뢰 관계가 경쟁사가 넘어야 할 진입장벽으로 존재한다. 때문에 경쟁사는 이러한 진입장벽을 뛰어넘을 정도로 파격적인 가격을 제공하지 않는 한 좀처럼 쉽게 고객의 마음을 움직일 수 없다. 물론 신규 고객사의 경우는 이러한 전환비용이나 인맥이라는 진입장벽이 없다. 그러나 이 경우에도 볼링 앨리 전략으로 인한 자사의 브랜드 영향력이 존재하기 때문에 이 영향력만큼 자사는 가격 프리미엄을 누릴 수 있다. 결론적으로, 자사는 이 2가지 부분을 잘 고려하여 적절한 가격 방어 전략을 수립해야 한다. 그러지 않고 마냥 시장의 주도적인 위치에 있다고 착각하면서 후기다수수용자 단계에서도 기존의 주도적인 가격 정책을 고수한다면 순식간에 경쟁사에 시장을 잠식당할 수 있다.

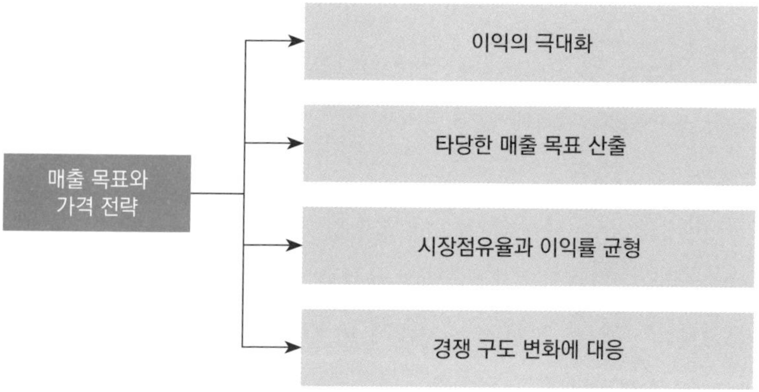

[그림 2-11] 매출 목표와 가격 전략 기반 영업 전략 수립 시 고려 사항

이제 고객사의 지속적인 가격 인하 압박으로 가격이 점진적으로 낮아지는 상황을 어떻게 하면 극복할 수 있을지 생각해보자. B2B에서는 대부분의 거래가 일회성이 아니라 지속적이고 장기적으로 이루어진다. 그러므로 고객사와 거래 관계가 유지되는 기간에 필연적으로 구매부서로부터 가격 인하 요구를 받게 될 것이다. 구매부서 담당자들도 실적을 내야 하기 때문에 가격 인하에 대한 압박을 계속해서 할 수밖에 없다. 이에 자사 제품의 가격은 결국 떨어지기 마련인데, 어떻게 하면 최대한 이 가격 침식(price erosion)을 막아낼 수 있을까? 가장 일반적인 해결 방법은 지속적으로 업그레이드 모델을 출시하는 것이다. 업그레이드된 성능의 모델을 소개하면서 가격을 다시 원래 상태로 초기화시키는 것이다. 이 작업은 가격을 지키기 위해서 필연적으로 수행해야 한다. 물론 고객이 업그레이드된 신규 모델 대신 기존 모델을 구매할 수도 있다. 하지만 결국 성능상의 이유로 업그레이드 모델의 구매를 제조 담당자로부터 요청받게 되어 단

계적으로 모델 교체가 일어나게 된다. 삼성이나 애플이 매년 스마트폰의 기능을 업그레이드해 신규 모델을 출시하면서 판매가를 초기화하는 이유도 여기에 있다.

마지막으로, 금융위기나 팬데믹 발생처럼 경기에 급작스러운 영향을 주는 상황이 발생했을 때 어떠한 가격 정책을 써야 하는지를 살펴보자. 이러한 상황은 정상적인 비즈니스 상황이 아니며 자주 발생하지도 않지만, 실제로 닥치면 급격한 수요 감소로 대부분의 업체가 존폐 위기에 놓일 수 있기 때문에 대비가 필요하다. 한편으론 기업이 이러한 위기 상황에 어떻게 대처하는지에 따라 경쟁우위가 바뀔 수도 있으므로 이 상황은 기회이기도 하다. 위기 상황이 도래하면 통상적으로 최종 소비자의 구매 감소가 발생하고 이로 인한 재고 증가로 제조업 고객사들의 공장 가동률이 급작스레 낮아지며, 이는 결국 신규 설비 투자 수요나 원자재 발주의 급감을 초래하게 된다. 한편 이들과 납품 거래를 하는 자사와 경쟁사들은 한순간에 구매 수요가 줄어드는 경험을 하게 된다. 즉 시장의 수요는 줄어들었는데 공급은 그대로인 상황에 처하게 되고 이로 인해 급격한 가격 파괴 현상을 경험할 수 있다. 게다가 이따금 발생하는 구매 수요라도 잡기 위해 업체들이 너도나도 가격을 낮추는 상황이 발생하기도 한다.

그렇다면 이러한 위기 상황에서 자사는 어떠한 가격 전략을 취해야 하는가? 시장이 이러한 상황으로 치달으면 위기를 극복하기 위해서 자사 또한 최대한 수주에 매달릴 수밖에 없고, 독점 공급업체가 아닌 이상 시장 추세에 보조를 맞추어 일정 부분 가격 할인을 제공해야 한다. 그러나 위기 상황이 끝나면 수요가 되살아나면서 시장은 다시 정상 상태로 복귀하게 되는데, 그전에 이미 가격을 낮추어 공급 계약을 체결한 상태라면 정상 상태 복귀 이후에는 훼손된 이익률을 어떻게 회복할지가 문제가 된다. 따라서 위기 상황이 발생하여 가격 할인 정책을 책정할 때는 동시에 출구 전략까지 생각해서 정해야 한다. 예컨대 가격 할인을 부득이하게 제공해야 한다면, 재고 자산 처분 명목으로 특정 모델을 일정 수량만큼 한정해 일시적인 할인을 제공하는 방식을 택하는 것이다. 그러면 해당 이벤트 종료 시에 정상 가격 복귀에 대한 명분이 생기게 된다.

아울러 가격 할인을 한다면 경쟁사보다 선제적으로 또 파격적으로 실시해 무조건 수주를 하는 편이 낫다. 그 이유는 첫째, 자사가 아니더라도 경쟁사들에 의해 결국 가격은 낮아질 것이고 금융위기 중이라도 회사의 고정비용은 줄어들지 않기 때문에 저가라도 수주를 해서 회사를 유지해나가는 편이 위기 극복에 유리하기 때문이다. 둘째, 자사가 수주 활동을 하는 모든 과정에는 비용이 들어가게 된다. 그렇기에 특정 고객사에 영업활동을 수행했는데 해당 프로젝트에서 수주에 실패했다면, 자사는 이익이 없는 상태가 아니라 손해가 발생하는 상태가 되는 것이다. 특히 금융위기나 팬데믹처럼 경영적인 위기 상황에서는 비용 절감에 대해서 고민해야 한다. 따라서 반드시 영업 비용 대비 수주 확률을 고려해서 장기간 현장 제품 평가 요청 등으로 영업 비용이 많이 들어가는 프로젝트의 경우에는 선별적인 접근을 해야 하고, 그럼에도 불구하고 해당 수주 활동을 결정했다면 영업 투입 비용의 손실처리를 막기 위해 모든 수단을 강구해 필사적으로 수주를 해야 한다. 셋째, B2B에서는 수주에 성공한 고객사에 대해 이후로 자사가 수성(守城)하는 입장에서 영업을 하게 된다. 즉 수주에 성공하면 이후 동일한 고객사를 대상으로 수주 경합 시에 지속적으로 선점의 유리한 지위를 누릴 수 있기 때문에 가격 할인을 제공하더라도 무조건 수주를 따내는 것이 좋다. 물론 가격 할인은 앞서 말했듯이 반드시 일회성 명분을 만들어 제공함으로써 위기 상황이 종료되었을 때 정상 상태로 복귀할 수 있도록 해야 한다.

종합하자면 영업 전략 수립 활동은 매출, 가격, 기업 상황, 시장 상황을 모두 고려하면서 복합적이고 유기적으로 행해야 한다. 이러한 고려 없이 단순하게 고정된 매출 목표만 설정해놓은 뒤 타당한 근거 없는 가격 정책을 펴면서 매출 목표만 달성하려는 사고방식은 기술영업 전략가에게 결코 바람직하지 않다.

2-7 마켓리더십 유지 전략

시장에서 1위 자리를 굳혔다면 이때 필요한 마케팅 전략 중에 하나가 바로 브랜딩(branding) 전략이다. 시장 진입 초기에는 기술 성능과 사양 홍보에 집중하면서 시장을 석권하기 위해 노력한다. 그리고 경쟁사의 끝없는 추격을 따돌리기 위해서 기술영업을 통해 지속적으로 고객의 기술 요구 수준을 높이고, 패러다임 전환을 통해 경쟁사와의 게임 규칙을 변경한다. 그럼에도 결국 우리는 경쟁사와의 무한 경쟁과 출혈 경쟁에서 자유로울 수 없는데, 이럴 때일수록 더욱 빛나는 전략이 바로 제품의 성능이 아니라 브랜드에 초점을 맞추어 홍보를 하는 브랜딩 전략이다.

우리가 명품을 고가에 주고 사는 이유는 해당 제품의 뛰어난 품질 때문이기도 하지만 그것이 가져다주는 브랜드 가치(brand value) 때문이기도 하다. B2B에서도 이 부분은 동일하게 적용된다. 자사 제품이 시장 내에서 이미 높은 브랜드 가치를 구축한 상태라면, 다른 제품들 역시 성능에 대한 구체적인 검증 없이도 고객사의 구매 선호리스트에 등재되는 경우가 많다. 더 나아가 브랜드에 대한 충성도(brand royalty)가 형성되어서 경쟁사와의 가격 격차에 상관 없이 계속 자사 제품을 구매하는 고객사가 생겨나게 된다. 이 단계로의 진입에 성공하면, 이제 자사는 부단한 기술영업으로 패러다임 전환을 이루기 위해 노력할 필요 없이 브랜드 가치에 흠집이 나지 않게 애프터세일즈에만 충실하면 된다.

그렇다면 브랜딩 전략에서의 핵심은 무엇일까? 필자는 브랜딩 전략의 첫 번째 핵심은 자사 제품을 생각하면 떠올릴 수 있는 핵심 가치를 '이미지'화하여 해당 이미지를 일관성 있게 구축하는 것이라고 생각한다. 이를 위해서는 반드시 자사의 미션(mission)과 비전(vision)을 명확히 구축해야 하며 그에 맞추어 자사의 모든 제품을 디자인하고 개발해야 한다. 기업의 미션과 비전은 곧 그 회사만의 경영철학으로, 고객이 공감할 수 있는 보편타당한 가치를 지닐 때 고객들로 하여금 지지를 얻고 브랜드에 열광하도록 만들 수가 있다. 의류 패션 브랜드 파타고니아(Patagonia)의 예를 들어보자. 파티고니아는 가격도 상당히 높은 수준의 고가 아웃도어 스포츠웨어 브랜드인데, 특이하게도 별다른 광고를 하지 않는데도 파타고니아 브랜드를 지지하며 기꺼이 높은 금액을 지불하고 제품을 구매하는 열광적인 소비자 팬덤을 형성하고 있다. 이러한 탄탄한 소비자 팬덤은 파타고니아가 표방하는 '지구살리기' 환경 보호 철학에 바탕을 두고 있다. 일반적으로 기업은 이윤 창출 활동에 가장 높은 우선순위를 두지만, 파타고니아 기업은 이윤 추구보다는 환경 보호와 친환경 원료 사용 등에 더 우선순위를 둔다. 환경을 생각하는 모든 소비자들이 공감할 수 있는 보편타당한 가치인 환경보호 철학을 브랜드 정체성으로 일관되게 유지하면서 친환경 제품 생산, 환경단체 기부 활동 등을 실천함으로써 강력한 브랜드 지지도를 형성해오고 있는 것이다. 실제로 파타고니아는 매년 이윤의 10% 또는 매출의 1%를 지구살리기 활동에 기부하고 있다. 또한 환경 파괴를 최소화하는 제품 디자인을 추구하고, 환경 친화적인 재료를 사용해 제품을 생산하고 있다. 파타고니아가 제품을 견고하게 디자인하고 고품질의 재료를 사용해 만드는 이유는 소비자들이 잔고장 없이 최대한 오랫동안 사용하고 수선을 쉽게 할 수 있도록 하여 불필요한 낭비를 막고 환경을 지키기 위함이다.[5]

브랜딩 전략의 두 번째 핵심은 기업의 미션과 비전을 담아 개발한 제품들을 시장에서 지속적으로 홍보해야 한다는 것이다. 간혹 브랜딩 전략 하면 회사의 브랜드명만 주구장창 홍보하면 되는 줄로 착각하는 사람들이 있다. 그런데 회사의 이미지가 곧 브랜드이며, 그 이미지는 회사가 추구하는 철학인 미션 그리고 비전과 궤를 같이하

---

5 파타고니아 브랜드 관련 내용은 《파타고니아, 파도가 칠때는 서핑을(Let My People Go Surfing)》(이본 쉬나드 지음, 이영래 옮김, 2020)의 내용을 참조해 서술하였다.

는 것이다. 회사의 미션과 비전, 제품이 따로 노는데 어느 누가 그 회사의 브랜드 가치에 선뜻 공감하겠는가. 즉 회사의 모든 제품은 미션과 비전에 맞추어 개발·홍보되어야 하고 이것을 고객이 느낄 수 있어야 진정한 브랜딩이 이루어질 수 있다. 더불어 회사의 미션과 비전을 담은 제품을 시장에 효과적으로 알리기 위해서는 제품을 넘어 브랜드를 홍보하는 수준으로 홍보 방식이 한 차원 높아져야 한다. '어떠어떠한 미션과 비전, 가치를 지향하는 회사'라는 점을 분명히 하는 홍보 활동이 마케팅 부서를 중심으로 지속적으로 수행되어야 한다.

이것만
기억하자!

기술영업에서 전략 수립은 선택이 아닌 필수다.

기술영업 전략 수립이 필요한 이유는 기술수용곡선에 따라 변화하는 시장에서 선제적으로 대응하고, 프로젝트별 맞춤 영업 전략을 수립하여 경쟁을 주도하고 수주 확률을 높이기 위함이다. 나아가 기하급수적으로 변화하는 시장에 발빠르게 대처하기 위함이다.

성공적인 시장 개척을 위해 기술수용주기에 따른 볼링 앨리 전략과 캐즘 극복 전략을 수행해야 한다.

기술수용주기에 따른 시장 개척을 효과적으로 수행하기 위해서는 자사 제품의 기술 성능과 가격 포지셔닝을 명확히 인지하고, 적절한 헤드핀을 선정하여 볼링 앨리 전략을 철저히 수행해나가야 한다. 아울러, 다수수용자 단계로 진입하기 전 매출 정체 단계인 캐즘을 극복하기 위해 제품 사양을 다양화하고 틈새시장을 공략해야 한다.

경쟁사의 추격을 따돌리기 위해서 고객의 눈높이를 끊임없이 향상시켜야 한다.

고객사의 눈높이가 경쟁사의 기술 수준보다 항상 위에 머물 수 있도록 기술 설득을 통하여 고객의 기술 눈높이를 끊임없이 향상시켜야 한다. 이를 통해 자사는 경쟁사 대비 기술 성능 프리미엄을 지속적으로 누릴 수 있다.

경쟁사의 추격을 따돌리기 위해서 게임의 규칙을 끊임없이 바꾸어야 한다.

파괴적 혁신과 창조적 혁신으로 대표되는 기술 패러다임의 전환을 꾀하여 경쟁 구도에서의 게임 규칙을 바꿀 수 있어야 한다.

경쟁사의 추격을 따돌리기 위해서 비교우위가 아닌 유일무이에 집중해야 한다.

경쟁사에는 없는 유일무이한 특징을 찾아 이를 고객 가치로 전환하는 데 항상 몰두해야 한다. 유일무이한 특징을 자사도 보유하지 않았다면 개발에 힘써 비교우위 경쟁이 아닌 유일무이 경쟁에 집중해야 한다. 이로써 가격 경쟁에서 탈피하고 기술 성능 프리미엄을 지속적으로 누릴 수 있다.

매출 목표와 가격 전략은 상호 연동해서 수립해야 한다.

매출 목표와 가격 전략의 포인트는 ①이익 극대화가 되는 매출액과 가격대 포인트 찾기, ②도달 가능한 수준의 타당한 매출 목표 산출하기, ③시장점유율과 이익률의 균형 맞추기, ④경쟁 구도 변화에 유동적으로 대응하기를 들 수 있다. 또한 금융위기나 팬데믹과 같은 급작스러운 경기 변동 시에는 출구 전략까지 고민해서 매출 전략을 수립해야 한다.

시장에서 지속적인 리더십을 유지하려면 브랜딩 전략에도 치중해야 한다.

브랜딩 전략의 핵심은 회사의 핵심 가치인 미션과 비전이 고객이 공감할 수 있는, 보편타당한 가치여야 한다는 것이다. 그리고 그 가치가 자사의 모든 제품과 기술에 일관성 있게 녹아 있어야 한다.

3 데이터베이스 기반 영업 전술의 수립

B2B 사업에서 우리가 진행하게 되는 프로젝트들은 매우 다양한데 이는 수많은 고객사와 그들의 요구사항, 기호 등에서 비롯된다. 또 고객사를 두고 경쟁하게 되는 여러 기업들, 그들이 홍보하는 제품과 모델들, 해당 모델의 성능과 가격대 등이 다양하기 때문이다. 결국 모든 프로젝트에서 우리는 영업적으로 항상 다양한 변수를 지니고 있는 것이다. 영업 전술을 수립한다는 의미는 사실 특정한 상황을 파악한 상태에서 그 상황에 적절하게 대응할 수 있는 효과적인 수단을 찾아내는 것이라고 할 수 있다. 그런데 이처럼 프로젝트별로 다양한 변수가 존재하는 상태에서 과연 어떻게 표준적으로 적용 가능한 전술을 수립할 수 있을까? 해당 시장에 전반적으로 적용할 방향성과도 같은 공통적인 영업 전략은 수립할 수 있을 것이다. 그러나 개별 프로젝트를 이끌어가는 데 있어서는 전략도 중요하지만 상황별로 해당 프로젝트를 승리로 이끌어갈 수 있는 좀 더 구체적인 영업 대응 전술이 필요하다. 그리고 어떠한 프로젝트에도 사용할 수 있는 표준화된 영업 전술을 수립해야 한다.

이번 절에서는 다양한 기술영업 프로젝트들을 체계적으로 관리하면서 각각의 상황에 적합한 영업 전술을 어떻게 수립하고 실행할 수 있는지 살펴보겠다. 그리고 모든 프로젝트에 적용할 수 있는 데이터베이스(data base) 기반의 영업 전술에 대해 설명하겠다.

3-1 데이터베이스 구축

영업활동을 수행하면서 우리가 수집하는 다양한 시장 정보는 수주 경쟁에서 승률을 올리는 데 유용하게 활용된다. 시장 정보는 크게 고객사와 경쟁사에 대한 정보로 구분할 수 있다. 고객사에 대한 정보로는 고객사의 구매 계획에서부터 조직 현황, 체계, 핵심 결정권자(key person), 기술 요구 사양, 예상 구매가격 등이 있다. 경쟁사 관련 정보로는 해당 프로젝트에 어떤 경쟁사가 참여했는지, 그들의 파트너사는 누구인지, 경쟁사가 홍보하고 있는 제품의 모델과 기술 사양, 예상 가격대 등이 있다. 누구와 무슨 제품으로 경쟁하는지를 정확히 알아야만 자사에서도 무슨 제품을 어떠한 가격대로 대응할 것인지 적절한 전술을 세울 수 있기 때문에 경쟁사 관련 정보 수집은 꼭 필요한 과정이다. 영업 전술 수립은 고객과 참여 경쟁사들의 정보를 수집하여 체계적으로 정리해놓는 것에서부터 시작한다.

시장 정보 수집은 프로젝트를 수행할 때마다 행하지만 신규 프로젝트를 구성하는 고객사와 경쟁사의 정보가 이전에 파악했던 정보와 중첩될 수 있다. 따라서 정보를 데이터베이스화해두면 신규 프로젝트가 어느 고객사에서 진행되는지, 어떤 경쟁사가 참여하는지만 알아도 영업 전술 수립에 필요한 사전 정보 준비를 마칠 수 있다. 그런데 많은 영업사원들이 이러한 시장 정보를 수집해 해당 프로젝트에서만 사용하고 데이터베이스화해두지 않는다. 그래서 새로운 프로젝트를 수행할 때마다 다시 정보를 수집하고 똑같은 일을 반복한다. 물론 이러한 일을 지속적으로 반복하다 보면 영업사원은 동일한 고객사와 경쟁사에 대해 어느 정도 파악하게 되어 이후에는 특별히 정보를 수집하지 않아도 영업 전술을 수립할 수 있게 된다. 소위 말하는 노하우이자 경험이 쌓이는 것이다.

문제는 이 노하우와 경험이 모든 영업사원이 각자 가지고 있는 무형의 자산이라는 데 있다. 왜 이것이 문제가 될까? 첫 번째 이유는 영업사원 개개인의 노하우를 밖으로 끄집어내서 다른 사람에게 전달할 수 있는 마땅한 수단이 없기 때문이다. 예를 들어 신입사원이 입사했을 때 기존 사원에게서 이러한 영업의 노하우를 전수받으려면 매번 같이 따라다녀야 할 텐데 이는 현실적으로 불가능한 일이다. 이러한 이유로 많은 사람들이 신입사원들은 맨땅에 헤딩하는 것부터 시작해야 한다고들 말하는데, 이 얼마나 비효율적인 일인가. 두 번째 이유는 영업사원 각자가 보유하고 있는 정보들은 체계적으로 정리되지 않은 정보들이기 때문이다. 한마디로 체계화되어 있지 않은 빅데이터라 할 수 있는데, 이러한 정보는 설령 모두 끄집어낸다고 하더라도 영업 전술을 세우는 데 활용하기가 쉽지 않다.

그러므로 우리는 개별 영업사원들이나 정보원으로 활용 가능한 모든 자원(source)으로부터 영업 정보를 수집하여 영업 전술을 수립하는 데 활용할 수 있도록 시장 정보를 체계적으로 데이터베이스화해야 한다. 이러한 데이터베이스화 작업은 다수의 기업에서 이미 매 순간 진행하고 있는 것이다. 필자가 재직 중인 기업에서도 CRM 소프트웨어 업체 중 한 곳의 솔루션을 활용하여 고객사, 경쟁사 정보를 수집해 데이터베이스화하고 있는데 실로 엄청난 정보가 구축된 상태다.[6] 정보를 데이터베이스화하는 작업은 영업의 효율성을 높이기 위해서 매우 중요하다. 다시 말하지만 정보 없이 무슨 전술을 수립할 수 있단 말인가. 정보 수집과 데이터베이스 구축은 B2B 영업 전술을 수립하고 추진하기 위해 꼭 선행되어야 할 필수적 과제다.

자, 이제 모든 영업사원이 자신들이 수집한 여러 가지 시장 정보를 한곳에 모았다고 가정하자. 영업 전술을 수립하기 위한 기본이 갖추어진 것이다. 그러면 이제 무엇을 해야 할까? 정보를 열심히 수집해서 엄청난 세일즈 데이터베이스를 구축했다고 하더라도 이를 제대로 활용할 줄 모른다면 무슨 소용이 있겠는가. 더 큰 문제는 이렇게 많은 직원들이 힘들게 세일즈 데이터베이스를 구축했는데 해당 정보가 영업 전술 수립에 별로 도움이 되지 않거나, 데이터베이스 분류 체계가 불명확하여 쓸 수 없는 경우이다. 이러한 문제가 발생하는 이유는 세일즈 데이터베이스를 구축할 때 사용 목적을 명확히 하지 않았기 때문이다. 가령 영업 전술 수립에 실제로 꼭 필요한 정보인데 그 카테고리 자체를 데이터베이스에 넣지 않아서 정보를 모으지 않았다면 어떻게 될까? 열심히 구축은 했지만, 결국 해당 데이터베이스는 전술 수립에 사용하기 어려울 것이다. 방대한 세일즈 데이터베이스를 구축해놓고도 영업 전술 수립과 협업에 적극적으로 활용하는 사람이 드문 이유는 데이터베이스를 기반으로 영업 전술을 수행하는 훈련이 되어 있지 않기 때문이다. 매출 분석에 일부 사

---

6 CRM 소프트웨어 솔루션 업체 선정과 관련해 덧붙이면, 데이터베이스 구축 작업은 기업별로 해당 기업에 맞추어 최적화 작업을 많이 진행해야 하므로 그러한 추가 개발 작업에 적극적인 회사의 솔루션이 적합하다.

용하고 고객사 이력 조회 등에 참고하는 정도가 많은데, 투입된 노력 대비 데이터베이스로서 활용 가치가 떨어진다는 면에서 매우 안타까운 일이다.

요컨대 영업 전술을 수립하기 위한 데이터베이스를 구축할 때는 많은 정보를 수집하는 데 집중하는 것이 아니라, 영업 전술 수립에 꼭 필요한 핵심 정보를 명확한 체계와 분류에 맞추어 구축하는 데 초점을 맞추어야 한다. 그리고 매출을 다각도로 분석하기 위해 추가적인 기본 정보들을 수집·정리해두는 것이 좋으며, 방문보고서와 같이 서술형으로 정리된 나머지 정보들도 고객사 이력 조회나 빅데이터 분석 등에 활용하기 위해 모아두는 것이 좋다.

3-2 기술영업 6대 핵심 역량 요인

이제 영업 전술을 효율적으로 수립하고 현업에 적용하기 위해서는 과연 무슨 정보를 필수적으로 수집해야 하는지 살펴보도록 하자. 이와 관련해서 B2B 기술영업의 핵심이 되는 3대 구성원과 6대 핵심 역량 요인을 알아보아야 한다. 이것들이 데이터베이스 기반의 기술영업 전술을 수립하기 위해서 우리가 반드시 수집해야 하는 핵심 정보들이기 때문이다.

B2B 영업의 3대 구성원은 고객사, 자사, 그리고 경쟁사다. 파트너사도 있지만 파트너사는 자사의 카테고리에 포함시켜 생각해볼 수 있다. 세 구성원들은 상호 유기적으로 관계를 맺고 거래를 하면서 프로젝트를 이끌어간다. 따라서 데이터베이스 기반 영업 전술을

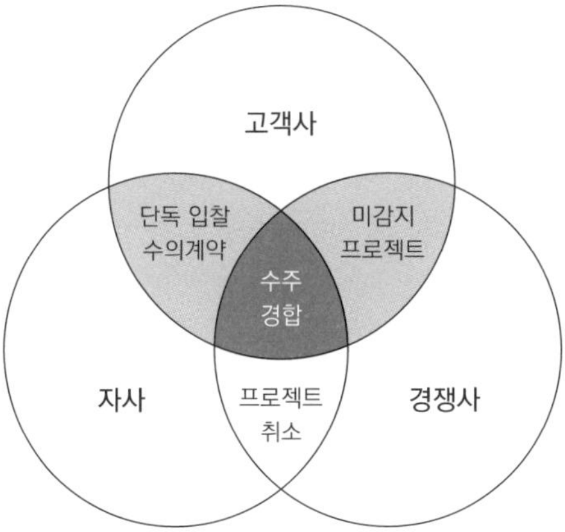

[그림 2-12] B2B 영업의 3대 구성원

수립할 때는 기본적으로 이 세 구성원에 대한 정보를 반드시 수집해야 한다. 프로젝트별로 이 세 구성원들이 어떠한 구도에 놓여 있으며, 어떠한 관계에 놓여 있는지를 분명히 아는 것이 전술 수립에 가장 기본이 될 것이다.

[그림 2-12]를 보면 고객사, 자사, 경쟁사가 어떠한 구도로 놓여 있는지에 따라 다양한 영업 상황이 발생하게 된다는 점을 알 수 있다. 만일 특정 프로젝트에 경쟁사가 존재하지 않는다면 단독 입찰이나 수의계약 형태로 진행할 수 있을 것이다. 그러나 대개의 경우 경쟁사는 복수로 존재하며, 고객사는 배트나를 필요로 하기 때문에 단독 입찰은 흔하지 않다. 한편, 자사가 빠지고 고객사와 경쟁사만 존재한다면 결국 그 프로젝트는 미감지 프로젝트에 해당될 것이다. 사실 미감지 프로젝트는 자사의 가용 역량 자원의 한계로 인해 부득이하게 선택과 집중을 할 수밖에 없는 현실을 감안하면, 우리가 생각하는 것보다 훨씬 많이 발생할 수도 있다. 이에 우리는 다양한

정보원과 레이더를 가동하여 미감지 프로젝트나 입찰 포기 프로젝트가 최소한으로 발생하도록 해야 한다. 또한 고객사가 빠지고 자사와 경쟁사만 남게 되는 상황은 고객사에서 프로젝트 지연이나 취소 통보를 해온 경우에 해당한다. 일반적으로 우리는 고객사, 자사, 경쟁사 이 세 구성원이 공통 영역을 이루는 '수주 경합' 지역에서 대부분의 프로젝트를 진행한다.

세 구성원들은 프로젝트 내에서 서로 다른 역할을 수행한다. 고객사는 경쟁사와 자사의 역량이나 제품을 평가하고, 자사는 영업활동을 통해 우리의 역량을 고객사에 최대한 어필하며, 경쟁사는 자사와 대비되는 위치에서 수주를 위해 영업활동을 펼친다. 그렇다면 세 구성원들은 과연 무엇을 기준으로 각각의 포지션에서 주어진 역할을 수행하는 것일까? 다시 말해, 고객사는 무엇에 중점적으로 영향을 받으면서 자사와 경쟁사의 역량을 평가하는 것이며, 자사와 경쟁사는 무슨 역량을 가지고서 고객사에 자신들의 우수성을 어필하는 것일까?

[그림 2-13]에서 볼 수 있듯이 B2B 기술영업에서 고객사, 자사, 경쟁사가 서로를 평가하고 서로에게 어필하는 항목은 크게 6가지로 분류해볼 수 있다. 이 6가지 핵심 항목을 필자는 기술영업의 6대 핵심 역량이라고 정의한다. 고객사는 이 6가지를 기준으로 자사와 경쟁사를 평가한다. 반면, 자사와 경쟁사는 이 6가지 핵심 역량을 기준으로 자신들의 우수성을 고객사에 최대한 어필한다. 6가지 핵심 역량에서 자사가 모두 경쟁사보다 비교우위에 서 있다면 어떤 프로젝트에서든지 승자가 될 것이다. 따라서 우리의 기본 영업 전술은 프로젝트별로 자사의 6대 핵심 역량의 수준을 분석하여 부족한 영

[그림 2-13] B2B 기술영업의 6대 핵심 역량

역을 최대한 보강하는 것이어야 한다. 이를 위해 사내 데이터베이스를 구축해 수집한 영업 정보를 축적하는 작업이 필요하고, 축적한 정보를 기반으로 개별 프로젝트에 적합한 영업 전술을 수립하고 효율적으로 수행할 수 있어야 한다. 이것이 곧 필자가 주장하고자 하는 영업 전술의 핵심이다.

1) 영업력

첫 번째 핵심 역량인 영업력은 6가지 중에서 가장 중요하다고 볼 수 있다. 프로젝트 진행 시 자사가 경쟁사 대비 여러모로 불리한 여건에서도 수주를 따낼 때가 있는데, 이런 경우를 '영업력의 승리'라고 부른다. 이 말은 곧 나머지 역량이 조금 미흡해도 영업력만 제대로 갖추고 있다면 수주 확률을 크게 끌어올릴 수 있다는 의미이기도 하다. 반면 해당 프로젝트의 모든 부분에서 자사가 경쟁사 대비 우월한 위치에 있는데도 경쟁사와 고객사의 친밀한 관계 때문에 수주를 놓치게 될 때가 있는데, 이런 경우는 영업력의 부재가 패인인 것이다.

그렇다면 이렇게 중요한 영업력을 구성하고 있는 요소에는 무엇이 있을까? 첫째, 프로젝트가 진행되는 해당 고객사의 조직 구도, 고객사의 기호 등을 정확히 파악하는 정보력이 있다. 이때 정보력이란 누가 수주의 핵심적인 역할을 하는지, 그 핵심 결정권자가 무엇을 중요하게 생각하는지, 이 프로젝트의 핵심 성패는 무엇인지 등등 영업 전술 수립에 꼭 필요한 내용을 파악하는 능력이다. 이러한 내용은 자사의 영업사원이나 서비스 엔지니어, 파트너사, 동종업계 업체 등으로부터 다양하게 수집할 수 있다.

둘째, 고객사 담당자 특히 핵심 결정권자와 강력한 인맥을 형성할 수 있는 능력이다. 그런데 이러한 인맥은 하루아침에 만들 수 있는 것이 아니다. 때문에 B2B 영업에서 고객사 담당자들과 친밀한 관계를 맺고 지속적으로 유지하는 활동은 프로젝트와 상관없이 평소에 꾸준히 진행하여야 한다. 만약 현재 진행 중인 프로젝트에서 인맥을 형성한 고객사 담당자가 없다면 어떻게 해야 할까? 이때는 고객사와 인맥을 형성한 사람을 찾아야 한다. 그 사람은 고객사 내에서 우리와 친밀한 관계에 있는 다른 담당자일 수도 있고, 파트너사 영업사원일 수도 있다. 만일 우리가 해당 프로젝트를 특정 파트너사와 함께 진행 중인데, 공교롭게도 고객사의 핵심 결정권자가 다른 파트너사와 인맥을 형성하고 있다면 어떻게 해야 할까? 이럴 때에는 어떻게든 해당 파트너사 담당자를 프로젝트에 끌어들여서 활용해야 한다. 물론 기존 파트너사와의 계약 관계가 있어서 쉽지는 않겠지만, 판매 수수료를 별도로 챙겨주든지 해서라도 고객사와의 부족한 인맥 관계를 보충해야 한다. 한편 고객사 핵심 결정권자가 이미 경쟁사와 인맥을 형성하고 있는 상태라면, 우리는 대안으로 해당 고객의 상관이라도 접촉하여 인맥을 형성해야 한다. 어느 고객사이든 단계별로 담당자들이 많이 있으므로 각 단계에서 자사를 밀어줄 수 있는 인맥을 찾아내야 하는 것이다. 이러한 고객사의 인맥은 이후로 해당 프로젝트를 진행하는 동안에 고객사 내부 정보 파악의 핵심 루트(route)가 될 것이다.

2) 기술력

B2B 영업의 두 번째 핵심 역량은 기술력이다. 기술력은 해당 프로젝트에서 자사가 무슨 사양의 제품을 홍보할 것인지 판단할 수 있는 능력을 의미한다. 문제는 자사나 경쟁사 모두 각기 다른 기술력을 보유하고 있다는 점이다. 또 우리가 진행하는 프로젝트별로 고객사가 원하는 기술력의 수준이 각기 다르다는 점이다. 결국 자사가 무슨 사양의 제품을 소개할 것인지 결정하기 위해서는 고객사가 원하는 기술력 수준과 경쟁사 제품의 기술력 수준을 입체적으로 동시에 분석하는 작업이 선행되어야 한다. 그러고 나서 분석 결과를 바탕으로 어느 정도 사양의 자사 제품이 고객의 기술 요구 수준을 만족시키면서 경쟁사 제품 대비 기술적인 면에서 비교우위를 지니는지 입체적으로 판단해야 한다.

이처럼 개별 프로젝트에서 자사가 판단하는 기술 사양의 기준은 고객사의 요구와 경쟁사의 반응에 따라 결정해야 한다. 그런데 이

때 고객사의 기술 요구 수준은 자사가 최소한도로 맞추어야 하는 최소 기술 수준으로 생각해야 한다. 고객사 요구 수준에도 미달하면 해당 프로젝트에서 결격 사유가 될 수 있기 때문이다. 만일 경쟁사가 자사보다 먼저 고객사에 경쟁 제품을 소개했다면, 자사는 해당 제품의 기술 사양을 감안하여 그보다 약간 높은 수준의 제품 사양으로 소개하는 것이 일반적으로 적합한 전술이다. 왜 경쟁사보다 월등한 성능의 자사 제품을 소개하지 않고, 고객사의 기술 요구 사양을 만족하면서 경쟁사 기술 사양을 약간 웃돌거나 버금가는 수준의 제품을 내놓아야 할까? 그 이유는 기술 사양이 높은 제품은 가격 또한 높기 때문이다. 기술 사양이 높은 제품을 소개하면 기술력에서는 비교우위의 높은 역량을 지니게 되지만 가격에서는 비교열위의 위치에 놓이게 된다. 다시 말하지만, 우리가 달성하고자 하는 것은 이 6대 핵심 역량 모두에서 경쟁사 대비 비교우위를 점하는 것이다.[7] 이 점을 잊지 말도록 하자.

특정 프로젝트에서 자사가 소개할 제품의 기술 사양이 결정되면 이제 기술영업의 단계로 들어서게 된다. 이 단계에서는 기술영업 사원이 자신의 역량을 최대한 발휘해 자사의 우월한 기술을 고객사에 효과적으로 전달함으로써 고객이 느끼는 제품의 가치를 끌어올려야 한다. 이러한 기술영업을 통해 우리는 경쟁사와 동일한 기술력을 보유했다 하더라도 해당 프로젝트에서 기술 비교우위를 지니게

---

7 사실, 최적의 기술 사양을 결정하는 데 있어 한 가지 더 고려해야 할 사항이 있다. 바로 고객의 우선순위다. 이에 대해서는 2장 3-3절 '데이터베이스 영업 전술 수립 방법' 편에서 자세히 설명하겠다.

되는 것이다. '기술력 우위는 기술 사양만 보고 판단하는 것이 아닌가?' 하고 생각할 수도 있지만, 절대 아니다. 우리가 B2C 소비재를 구매할 때도 가성비만을 따져서 합리적으로 소비하는 것은 아니지 않은가. 매장 직원의 설명과 태도, 입소문 등이 특정 제품을 구매하는 데 결정적인 영향력을 행사하기도 한다. 결국 B2C에서도 기술영업이 왜 중요한지 그 이유가 바로 여기에 있다.

3) 가격 경쟁력

B2B 영업의 6가지 핵심 역량 중 세 번째는 가격 경쟁력이다. B2B 기술영업사원들이 프로젝트를 진행할 때 스트레스를 가장 많이 받는 요소 중 하나가 바로 가격이다. 자사가 시장에서 독점적인 지위를 차지하지 못하는 이상, 무한 경쟁의 B2B 시장에서 우리는 항상 고객사와 경쟁사로부터 가격 압박에 시달린다. 때문에 프로젝트를 수행할 때마다 도대체 어느 정도의 가격으로 견적을 진행할 것인지 가격 전략(pricing)에 대해서 고민할 수밖에 없다. 가격 전략은 영업의 핵심 전술 중 하나이며 수주의 성패를 좌우하는 중요한 변수이다.

가격 전술은 때로 '예술'에까지 비유되기도 한다. 그만큼 어렵고 중요하기 때문이다. 가격 전술은 가격을 얼마에 견적하는 문제에 국한되지 않는다. 앞서 가격 전략 부분에서 설명했듯이, 기술수용주기별로 자사가 가격을 주도할 수 있는 시점도 있지만, 후기다수수용자 단계에서 가격에 민감한 고객사들의 출현과 함께 낮은 가격으로 무장한 경쟁사들이 가격을 주도하는 시점도 있으므로 상황에 따라 자사의 제품이 가격 경쟁력을 지니는 적절한 가격대는 상시 유동적이다. 또한 가격 전술은 가격으로 환산되는 모든 가치를 가격의 배트나로 활용하여 제공하는 협상 전술이라고 할 수 있다. 우리는 가격 전술에서 자사가 고객사에 제공하는 것 중에서 가격으로 환산할 수 있는 모든 것을 협상 테이블에 올려 활용해야 한다. 그런데 경쟁사의 낮은 가격에 휘둘려 푸념만 하는 영업사원들을 종종 보게 된다. 자사가 항상 우수한 성능의 제품을 경쟁사보다 낮은 가격으로 제공할 수 있다면, 대체 영업사원이 왜 필요하겠는가? 기술영업이 필요한 이유는 자사가 보유하고 있는 가치들 중에서 가격의 배트나로 제시할 수 있는 가치를 찾아낸 후 고객사와의 협상에서 가격 비교열위를 극복하는 데 있다는 것을 명심하자.

4) 평가 성적

B2B 영업의 6가지 핵심 역량 중 네 번째는 평가 성적이다. 업계에 따라 다르겠지만, B2B 영업을 하다 보면 제품의 평가 단계를 진행하는 산업 분야가 있다. 해당 제품의 성능이 자사가 소개한 대로 잘 나오는지, 고객사가 사용하는 데 추가적인 문제점은 없는지 실물을 사용하면서 확인하는 과정을 거치는 것이다. 제품 평가 단계에서의 결과는 수주에 매우 중요한 요소로 작용한다. 제품 평가 성적은 제품의 기술력과 함께 종합적으로 기술 평가 점수에 들어가게 된다.

제품 평가는 앞에서 소개하였듯이 크게 2가지 형태로 나눌 수 있다. 하나는 고객사가 자사의 샘플 제품을 가지고서 적절하게 작동하는지, 기술 사양서에 기술된 성능이 제대로 나오는지 등을 약식으로 검증·평가하는 것이다. 샘플 테스트나 데모로 불리는 이 과정은 고객사나 자사의 데모 센터 등에서 진행한다. 또는 자사가 평가 단계를 진행한 후 일종의 보고서 형태로 고객사에 결과를 제출할 수도 있다. 이는 고객사가 사용했을 때도 동일한 결과가 나올 것이라는 상호 신뢰를 바탕으로 진행하는 것이다. 다른 한 가지 방법은 경쟁사 제품과 같이 평가를 받는 성능 비교 테스트이다. 여기서 나온 결과는 평가 점수로 반영되어 기술 점수의 성패에 지대한 영향을 끼친다.

제품 평가에서 기술영업의 가장 중요한 시점은 평가가 진행되는 때가 아니라, 바로 평가 시작 전이다. 평가 시작 전 고객사가 평가기준을 마련하는 시점에 자사에 유리한 방향으로 평가기준이 마련되도록 기술 설득을 해야 한다. 게임의 규칙을 바꾸는 이러한 활동을 통해 겉으로 드러나지는 않지만 자사가 유리한 위치에 서게 되는 기울어진 운동장을 구성하는 것이다. 이때 중요한 포인트는 자사 제품의 성능을 정확히 알고 기울어진 운동장을 만드는 작업을 벌이는 것이다. 예를 들어, 특정 테스트 항목에서 자사의 성능이 90 정도 나오는 데 반해 예상되는 경쟁사의 성능이 70 정도라면, 우리는 합격 기준을 80으로 해야 하는 이유를 타당한 근거를 들어 최대한 합리적으로 고객사에 설명할 수 있어야 한다. 그런데 만일 자사의 제품 성능에 대한 정확한 수준도 파악하지 않고 이러한 기술 설득 작업을 하면 어떻게 될까? 가령 특정 테스트 항목에서 자사 제품도 성능이 제대로 나오지 않는데 합격선을 높여놓았다면 어떻게 되겠는가? 자사와 경쟁사 모두 실격처리 될 수 있고 최악의 경우 성능 면에서 불합격되어 구매 검토 대상에서 아예 배제될 수도 있다. 그러므로 평

가 단계에서의 기술영업도 매우 신중하게 진행해야 한다.[8]

5) 품질

B2B 영업의 다섯 번째 핵심 역량은 품질이다. 제품의 품질은 크게 하드웨어(hardware) 품질과 소프트웨어(software) 품질로 나눌 수 있다. 자사의 제품이 하드웨어로만 구성되어 있다면 소프트웨어 품질을 고려할 필요는 없다. 그러나 오늘날 B2B 제품에는 소프트웨어가 포함된 것이 많고 소프트웨어 자체도 점점 복잡해지고 있다. 이에 따라 소프트웨어 품질 이슈가 많이 발생하고 있으며 소프트웨어 품질에 대한 중요도 역시 높아지고 있다. 사실 초기 구매 평가 단계에서 제품의 품질을 제대로 평가받기는 어렵다. 품질의 좋고 나쁨은 실제로 사용하면서 드러나기 때문이다. 다만, 제품 평가 단계에서 고객사가 일정 기간 제품을 사용해보면서 하드웨어 및 소프트웨어 품질에 대해 평가를 해보는 것이다.

제품의 하드웨어 품질은 다시 설계 품질과 제조 품질로 구분할 수 있다.

- **하드웨어 제조 품질**은 제조상 결함을 지칭하는 것으로 이를 평가 단계에서 드러내거나 품질의 우수성을 어필하기는 힘들다. 따라

---

8 제품 평가 전 기술 설득 작업에 관한 내용은 1장 3-4절 '제품 평가 단계에서의 업무' 부분에서 설명했다. 그러나 평가 관련하여 기술영업사원이 언제, 무슨 역할을 하는지 알고 있는 것은 매우 중요하므로 여기서 다시 한 번 강조하였다.

서 만약 자사가 제조 품질 면에서 비교우위에 있다는 확신이 든다면 고객사를 자사에 초청하여 제조 시설을 관람하게 하는 것이 좋다. 고객사가 자사 제조 품질의 우수성을 간접 경험하도록 함으로써 품질 평가에서 경쟁사 대비 비교우위에 서는 기회를 잡을 수 있기 때문이다.

◆ **하드웨어 설계 품질**이란 설계 단계에서 작업자의 사용환경이나 작업동선 등을 고려하여 인체공학적으로 설계가 되었는지, 작업자의 안전성을 저해하거나 오작동을 미연에 방지하는 설계가 미흡하지는 않은지 등에 관한 것이다. 이러한 모든 것이 하드웨어 품질을 결정하는데, 만일 자사의 제품이 경쟁사 대비 품질 면에서 우수하다면 제품 평가 단계에서 고객사에 이를 적극적으로 어필해 비교우위에 설 수 있도록 해야 한다.

제품의 소프트웨어 품질은 설계 품질과 사용성 품질로 구분할 수 있다.

◆ **소프트웨어 설계 품질**은 소프트웨어 버그(소프트웨어 결함)로 대표된다. 소프트웨어 결함이 많을 경우 평가 단계에서 소프트웨어 품질이 떨어지는 것으로 인식될 수 있는데, 고객에 따라서는 이를 치명적인 문제로 생각하기도 한다. 소프트웨어 버그로 인해 제품의 소프트웨어 멈춤(software crash)이 발생하고 이것이 생산 시설의 다운타임(down time)을 초래해 결국 생산성에 영향을 줄 수 있기 때문이다. 이처럼 소프트웨어 설계 품질은 평가 단계에

서 매우 치명적으로 작용할 수 있으므로 자사도 특별히 주의해야 한다.

◆ **소프트웨어 사용성 품질**은 사용자의 편의성에 관한 것이다. 제품의 기술 성능도 중요하지만, 사실 대부분의 제품은 작업자가 사용하므로 소프트웨어 사용 편의성이 제품의 중요한 성능 지표로 부각될 수 있다. 소프트웨어 사용 편의성은 사용자들의 트레이닝(training) 비용과도 결부되기 때문에 이를 매우 중요하게 생각하는 고객사가 많다. 따라서 자사는 소프트웨어 사용 편의성을 제품의 중요한 성능 지표로서 관리하고 만일 이것이 경쟁사 대비 비교우위에 있다면 평가 단계에서 적극적으로 어필해야 한다.

만일 고객사가 이미 자사나 경쟁사의 제품을 구매해서 사용하고 있는 상황에서 추가 구매 프로젝트가 진행되는 상황이라면 '품질' 역량에 대한 중요도는 더욱 커진다. 경우에 따라서는 기존에 사용 중인 제품의 추가 구매에서 배제되거나, (혹은 반대로) 새로운 제품의 구매 검토 상황까지 이끌어낼 수 있는 매우 강력한 역량이다. 특히 소프트웨어 품질의 경우 소프트웨어 버그에 제대로 대응하지 못하고 이슈가 장기화되면 고객사의 실망 내지 분노로 이어져 추가 제품 구매에서 배제되는 치명타를 입을 수도 있다. 때문에 고객사의 제품 사용에 대해 세심하게 모니터링하고 변동 상황에 적극적으로 대응해야 한다. 모든 상황에서 적극적으로 고객사 대응을 할 수 있으면 더할 나위 없이 좋겠지만 현실적으로 우리는 언제나 제한된 대응 리소스(resource)를 지닌다. 따라서 영업사원으로서 최대한의 매출을 끌어내기 위해서 제한된 리소스를 가지고서 어느 고객사에 먼저 대응하는 것이 최선의 전술인지를 항상 결정해야 한다. 품질 이슈에 대한 선택과 집중에 대한 문제도 기술영업의 전술상의 문제인 것이다.

6) 서비스 대응력

B2B 영업의 6대 핵심 역량 중 마지막 여섯 번째는 서비스 대응력이다. 서비스 대응력 역시 품질 역량과 마찬가지로 고객사가 제품을 구매한 후 사용하면서 알아가는 것이기 때문에 초기 제품 평가 단계에서 파악하기가 쉽지 않다. 그러나 고객사가 매우 중요하게 생각하는 항목이므로 서비스 대응력에 대한 대응 전술도 기술영업에서 반드시 수립해야 한다. 제품 평가 단계에서 서비스에 대한 부분은 통상 계약서에 고객과 합의한 내용을 바탕으로 세부적으로 명시된다. 만일 고객사 중에서 서비스를 특히 중요하게 생각하는 곳이 있다면, 가격 협상에서도 서비스 관련 항목이 가격 할인 대신 제공 가능한 배트나가 될 수도 있다. 제품을 사용하고 있지 않은 평가 단계에서 자사의 서비스 대응력을 고객사에 어필할 수 있는 방법은 서비스 거점, 서비스 대응 인력의 규모, 서비스 대응 시 신속성 등의 지표를 내세워 경쟁사 대비 비교우위를 점하는 것이다.

만일 고객사가 이미 자사의 제품을 구매해서 사용하고 있는 상황이라면 서비스 대응력의 중요도는 더더욱 크다. 특히 경쟁사가 전술적으로 파격적인 제안을 내걸고 특정 고객사를 공략해 들어올 때 서비스 대응력은 강력한 방어수단 중 하나로 빛을 발할 수 있다. 서비스 대응력이 강력한 업체는 경쟁사들이 공략해 들어오기가 거의 불가능하다. 자사가 뛰어난 서비스 대응력으로 고객사와 단단한 신뢰관계를 형성하고 있다면 경쟁사가 그 연결고리를 끊기 힘들다. 아직 고객사에 제품을 투입해보지 못한 경쟁사들은 자신들의 서비스 대응력을 증명하기 어렵기 때문이다. 고객사의 입장에서 보면 서비스는 말 그대로 납품 업체로부터 도움을 받는 '서비스'이다. 따라서 이에 대한 고마움은 지속적으로 쌓여 탄탄한 인맥으로 발전하게 된다.

고객사가 특정 제품을 사용하다가 다른 회사의 제품으로 교체할 때는 '전환 비용(switching cost)'이 발생하게 된다. 여기에는 스페어파트(spare part) 추가 확보비와 같은 유형의 자산에 대한 비용과 사용자의 신규 트레이닝(training)에 대한 무형의 비용도 포함된다. 이에 고객사의 입장에서는 새로운 제품으로 변경하기가 쉽지는 않다. 수성이 공성보다 훨씬 쉬운 이유가 바로 이 때문이고, 그렇기에 영업 전술에서 시장 선점이 중요한 것이다. 그러나 서비스 대응과 품질에 대한 불만이 개선되지 않고 쌓인다면 이러한 유무형 교체 비용에 대한 부담도 한 번에 뒤집힐 수 있다. 혁신적인 기술로 어렵게 캐즘을 넘어서서 마켓리더로 등극했다 하더라도 품질 이슈와 서비스 대응력 이슈로 한순간에 내리막길을 걷게 될 수 있으므로 주의해야 한다. 반면 만일 자사가 마켓리더인 경쟁사를 공략해야 할 상황이라면, 품질과 서비스 이슈를 모니터링하면서 경쟁사가 보유한 고객사 중에서 어디를 먼저 공략할 것인지, 우리가 뚫고 들어갈 수 있는 경쟁사의 취약한 연결고리(weakest link)를 찾기 위해 노력해야 한다.

3-3 데이터베이스 영업 전술 수립 방법

지금까지 B2B 기술영업의 3대 구성원(고객사, 자사, 경쟁사)과 6대 핵심 역량(영업력, 기술력, 가격 경쟁력, 평가 성적, 품질, 서비스 대응력)에 대해서 살펴보았다. 자, 그럼 이제부터 이들을 바탕으로 어떻게 하면 데이터베이스 기반 기술영업 전술을 수립할 수 있는지 구체적으로 알아보도록 하자.

1) 데이터베이스 구축 방법

영업 전술을 수립하기 위해 정보의 저장고인 세일즈 데이터베이스(sales data base) 구축에 대해서 알아보도록 하자. 데이터베이스를 구축하기 위해 수집할 수 있는 정보는 사실 셀 수 없이 많다. 그러나 우리에게 중요한 것은 많은 정보를 수집하는 것이 아니라 무슨 정보를 수집할 것인지이며, 이것은 결국 데이터로 정확히 무슨 일을 할 것인지 '데이터의 활용 목적'과 결부된다. 일단 데이터베이스 구축의 목적을 영업 전술 수립에 있다고 하자. 그러면 앞서 언급한 3대 구성원인 고객사, 자사, 경쟁사 정보가 핵심적으로 수집해야 할 정보의 큰 줄기가 된다. 그리고 각 구성원의 6대 핵심 역량 관련 정보가 필수로 수집해야 할 내용이 된다.

정보의 형태는 데이터베이스 기반으로 영업 전술을 수립하는 데 참고할 수 있도록 정형화된 형태를 띠어야 한다. 영업 보고서와 같은 서술형의 정보들은 영업 상황을 이해하는 데 도움을 줄 수 있지만 데이터베이스 기반의 영업 전술 수립에는 도움이 되지 못한다. 따라서 각 정보를 0에서 10 사이의 수치화된 값이나 강중약 등으로 나타내 개별 프로젝트별로 자사가 부족한 부분이 어느 정도이며, 어디가 공략 포인트인지를 수치화해 도출하는 것이 좋다. 필자는 데이터를 입력하는 사람들의 수고로움, 영업 전술 수립과 추진의 효율성 등을 고려했을 때 5점 단위로 수치화하는 형태가 비교적 적당하다고 생각한다. 영업에 주로 영향력이 큰 6대 핵심 역량 정보만 추려내서 수집을 하고, 그것 또한 목적이 현 수준을 정량적으로 표현하는 것이라면 복잡하게 생각할 필요 없이 3을 중간값으로 두고 양옆으로 2단계씩 존재하는 5점 척도 형태로 표기하는 것이다.

[그림 2-14]는 핵심 구성원마다 6가지 핵심 역량 정보를 수집하여 총 18가지 정보에 대해 수치화된 값으로 나타낸 것이다. 앞에서는 데이터베이스에 수집 및 저장해야 하는 정보의 큰 줄기에 대해서 설명하느라 각 구성원별로 6가지 핵심 역량 정보를 수집해 총 18가지 정보를 수집하면 된다고 하였지만, 좀 더 세부적으로 들어가자면 사실 고객사는 복수로 존재한다. 그리고 각각의 고객사는 서로 독립적인 개체인 만큼 고객사 수만큼 비례해서 수집해야 할 정보의 양은 늘어나기 마련이다. 다만, 수집해야 할 정보의 양은 고객사의 수에 비례해서 늘어나더라도 영업 전술 수립에 필요한 정보의 카테고리는 6개의 핵심 역량으로 제한되기 때문에 각각의 고객사로부터 6가지 정보만 파악하면 된다.

자사와 경쟁사의 경우에는 약간 더 세분화해서 정보를 수집해야 할 필요가 있다. 경쟁사도 복수로 존재할 뿐만 아니라 단일 경쟁사라 할지라도 현지 독립법인을 두고서 해당 지역 영업활동을 하는 경우 각각의 법인들에 대해 역량 정보를 수집해야 한다. 이는 자사

고객 (중요도 우선순위)					
6대 역량	(약) 스케일 (강)				
영업력					5
기술력			3		
가격 경쟁력				4	
평가 성적			3		
품질			3		
서비스 대응력				4	

경쟁사 역량					
6대 역량	(약) 스케일 (강)				
영업력					5
기술력		2			
가격 경쟁력				4	
평가 성적		2			
품질			3		
서비스 대응력					5

자사 역량					
6대 역량	(약) 스케일 (강)				
영업력			3		
기술력					5
가격 경쟁력		2			
평가 성적					5
품질				4	
서비스 대응력			3		

[그림 2-14] B2B 세일즈 데이터베이스 구축 1

A 고객 (중요도 우선순위)
B 고객 (중요도 우선순위)
C 고객 (중요도 우선순위)
D 고객 (중요도 우선순위)

D 고객 (중요도 우선순위)					
6대 역량	(약) 스케일 (강)				
영업력					5
기술력			3		
가격 경쟁력				4	
평가 성적			3		
품질			3		
서비스 대응력				4	

⋮

경쟁사 역량 (A 지역, A 모델)
경쟁사 역량 (A 지역, B 모델)
경쟁사 역량 (B 지역, A 모델)
경쟁사 역량 (B 지역, B 모델)

경쟁사 역량 (C 지역, A 모델)					
6대 역량	(약) 스케일 (강)				
영업력					5
기술력		2			
가격 경쟁력				4	
평가 성적		2			
품질			3		
서비스 대응력					5

⋮

자사 역량 (A 지역, A 모델)
자사 역량 (A 지역, B 모델)
자사 역량 (B 지역, A 모델)
자사 역량 (B 지역, B 모델)

자사 역량 (C 지역, A 모델)					
6대 역량	(약) 스케일 (강)				
영업력			3		
기술력					5
가격 경쟁력		2			
평가 성적					5
품질				4	
서비스 대응력			3		

⋮

[그림 2-15] B2B 세일즈 데이터베이스 구축 2

의 경우도 마찬가지다. 자사의 현지 법인별로 6대 핵심 역량 정보는 다를 수밖에 없을 것이다. 또한 자사나 단일 경쟁사가 보유하고 있는 제품의 종류도 다양하기 때문에 해당 제품의 종류만큼 역량 정보를 각기 따로 분류해서 수집해두어야 한다. 상이한 제품은 기술력, 가격, 평가, 품질 등의 다양한 카테고리에서 상이한 역량을 지니고 있는 것이다. 그렇기에 경쟁사가 보유하고 있는 제품별로도 6대 핵심 역량을 구분해서 정리해두어야 한다. 이렇게 하면 [그림 2-15]와 같이 지역, 모델에 따라 추가로 수많은 핵심 역량 카드가 만들어질 것이다.

2) 데이터베이스를 활용한 영업 전술 수립 방법

세일즈 데이터베이스가 구축되었으니 본격적으로 이를 활용한 영업 전술 수립 방법에 대해서 알아보자. 필자가 고안한 '카드 게임 전술'에 대해 살펴보자. 자사가 수집한 6대 핵심 역량 정보는 경쟁사와 수주 경쟁을 벌일 때 어떠한 전술로 임할지 판단하는 데 참고할 '배틀 카드(battle card)'에 해당한다고 본다. 자사는 지금까지 보유한 수많은 배틀 카드를 조합해 경쟁사와의 게임에서 이길 수 있는 최적의 패를 준비해야 한다. 매번 프로젝트에서 누가 이기는 카드를 던지는가에 따라서 승부가 엇갈리게 되는데, 이기는 카드를 찾아내는 것이 영업 전술 수립인 것이다.

기존에 세일즈 데이터베이스화한 배틀 카드들을 영업 전술 수립의 기본 정보로 참고하겠지만, 프로젝트를 진행할 때마다 다양한 변수가 존재하며 시시각각으로 접하게 되는 현장 정보가 기존의 정보와 달리 변해 있을 수도 있다. 이런 경우 정보를 신속히 업데이트하고 적용해야 한다. B2B 업계는 지속적으로 변한다. 자사는 물론이고 고객사와 경쟁사의 상황, 각 조직에 속한 구성원, 제품 사양 등은 모두 변하기 마련이다. 따라서 우리는 영업 전술을 수립할 때 기본적으로 세일즈 데이터베이스에 구축해놓은 배틀 카드를 기준으로 하지만, 그와 함께 프로젝트별로 필요에 따라 각 항목의 강도를 실제 상황에 맞게 재조정하면서 사용해야 한다. 이러한 재조정 작업을 지속함으로써 우리가 구축한 배틀 카드들의 정확도가 상승하고 실제 상황에 근접해갈 수 있다.

자, 그럼 이제 카드 게임 전술의 기본 룰에 대해 살펴보자. 첫 번째 룰은 특정 프로젝트가 시작되면 가장 우선적으로 해당 프로젝트의 구성원 중 고객사의 배틀 카드를 기준으로 삼는 것이다. 이렇게 하는 이유는 프로젝트에서는 언제나 고객이 정답이자 게임의 심판이기 때문이다. 게임의 룰은 고객이 만드는 것이기 때문에 본 프로젝트(게임)의 룰이 어떻게 되는지 알려면 고객의 배틀 카드를 보면 된

고객사 예제

영업력(인맥)을 매우 중시하고, 가격에 민감함. 기술수준 낮음

A 고객 (중요도 우선순위)					
6대 역량	(약) 스케일 (강)				
영업력					5
기술력			3		
가격 경쟁력				4	
평가 성적			3		
품질			3		
서비스 대응력				4	

[그림 2-16] A 고객사 배틀 카드의 예

다. A라는 고객사의 배틀 카드가 [그림 2-16]과 같다고 가정해보자.

[그림 2-16]을 보면 A 고객사는 영업력, 즉 고객과의 인맥이 프로젝트의 성패를 좌우할 정도로 매우 중요한 곳이며, 가격 경쟁력과 서비스 대응도 중요하게 생각한다. 반면 기술력, 평가 성적, 품질에는 비교적 둔감한 곳임을 알 수 있다. 자사는 고객사의 이러한 치우친 역량이 본 프로젝트(게임)의 룰임을 인지하고 게임 전술 수립에 임해야 한다.

다음으로 해당 프로젝트에 참여하는 경쟁사의 배틀 카드를 살펴보자. 물론 앞서 설명한 바와 같이, 경쟁사의 배틀 카드는 경쟁사 현지 법인별로, 또 제품별로 각기 다르게 만들어야 한다. 그러므로 해당 프로젝트에서 경쟁사가 어떠한 배틀 카드를 내놓을지 예상되는 카드를 몇 개 뽑는다. 여기서는 이미 고객사에 판매한 이력이 있는 고객사의 기존 협력사를 경쟁사로 가정해보자. 그러면 [그림 2-17]과 같이 일반적으로 영업력(인맥)과 서비스 대응력에서 비교적 강점을 지닐 것이다.

고객사 예제

영업력(인맥)을 매우 중시하고,
가격에 민감함. 기술수준 낮음

A 고객 (중요도 우선순위)					
6대 역량	(약) 스케일 (강)				
영업력					5
기술력			3		
가격 경쟁력				4	
평가 성적			3		
품질			3		
서비스 대응력				4	

경쟁사 예제

기존 납품 중인 업체의 이점인
영업력과 서비스 대응력에서 강점

경쟁사 역량 (A 지역, A 모델)					
6대 역량	(약) 스케일 (강)				
영업력					5
기술력		2			
가격 경쟁력				4	
평가 성적		2			
품질			3		
서비스 대응력					5

[그림 2-17] A 고객사에 대응 중인 경쟁사 배틀 카드 예제

이처럼 고객사와 경쟁사 배틀 카드를 동시에 놓고 비교해보면, 해당 프로젝트에 과연 무슨 배틀 카드를 던져야 승부수가 될 건지 알 수 있다. A 고객사는 영업력(인맥)을 매우 중시하고 가격에 민감한 반면, 기술 이해도는 썩 높은 수준이 아니다. 한편 경쟁사는 고객사의 기존 납품 업체이다 보니 영업력(인맥)이 강하게 형성되어 있고 서비스 대응력 면에서도 비교적 강점을 지니고 있다. 기술 성능은 떨어지는 데 반해 가격은 저렴한 제품을 납품 중인 것이다. 결론적으로, 경쟁사는 고객사가 중요시하는 항목 중에서 인맥과 가격 경쟁력, 서비스 대응력을 강점으로 보유하고 있는 반면 기술력과 제품 평가 성적은 상대적으로 떨어진다.

그렇다면 자사는 승부수를 띄우기 위해서 어떠한 배틀 카드를 내놓을 수 있을까? [그림 2-18]은 이러한 분석을 하기 전에 자사가 일반적으로 준비하고 있던 가상의 배틀 카드로, 이를 보면 고객사가 중요시하는 항목인 영업력, 가격 경쟁력 등에서 경쟁사 대비 비교열위에 있고 서비스 대응력도 낮다. 이러한 상태로 A 고객사 프로젝트

자사 예제					
기술력, 평가 성적이 좋지만, 제품 가격이 고가임.					
자사 역량 (A 지역, A 모델)					
6대 역량	(약) 스케일 (강)				
영업력			3		
기술력					5
가격 경쟁력		2			
평가 성적					5
품질				4	
서비스 대응력			3		

[그림 2-18] A 프로젝트 진행 관련 1차 자사 배틀 카드 예제

에 참여한다면 수주를 따낼 확률이 매우 낮을 것이다. 이제부터 우리는 고객사, 경쟁사, 자사의 배틀 카드를 제대로 분석하여 적절한 영업 대응 전술을 수립해야 한다.

자사의 배틀 카드 [그림 2-18]에서 고객사가 중요시하는 인맥 역량(영업력)은 보통이다. 그런데 고객사는 인맥을 매우 중요시하는 곳이니 무슨 수를 써서라도 인맥을 보강해야 한다. 인맥을 보강할 때는 파트너사나 동종업계 업체의 도움을 받거나 고객사 내 다른 담당자의 인맥을 활용할 수 있고, 핵심 결정권자(key person)의 상관과 인맥을 형성하는 방법도 있다. 여기에서는 A 고객사와 강력한 인맥을 형성하고 있는 파트너사 B 대리점의 영업 담당자의 도움을 받는다는 것을 대응 방안으로 수립하겠다.

한편 고객사는 제품 가격에는 민감한 데 반해 제품 기술력에 대한 이해도가 떨어지고, 자사가 일반적으로 홍보하는 제품은 성능이 우수한 반면 가격이 고가인 모델이다. 그렇다면 현재 홍보하려 했던 고성능의 고가 제품보다는 성능은 적당하면서도 가격 경쟁력이 높은, 즉 가성비가 더 우수한 제품으로 교체하여 대응하는 것을 고려할 수 있다. 이러한 방식으로 고객사의 높은 우선순위이자 자사의 취약점이었던 가격 경쟁력을 보강해가면서 고객사의 입맛에 맞추는 대응 전술을 수립해가는 것이다. 이와 더불어 고객사의 이해도가 낮았던 기술력 부분에 대하여 기술영업의 가치 설득 작업을 중점적으로 수행해 기술력에 대한 고객사의 우선순위를 높여야 한다. 이는 앞서 [그림 2-9] '고객의 기술 요구 수준 그래프 2'에서 설명한 기술에 대한 고객의 눈높이를 향상시키는 작업과 같다. 그리고 고객사에 기술 평가의 중요성을 설득하여 경쟁사와의 성능 비교 테스트를 이끌어냄으로써 자사의 강점이자 경쟁사의 취약점 중 하나인 기술력 부분이 드러나도록 하는 것이 유리하다.

서비스 대응력 부분은 현재 고객사의 관심도에 더해 경쟁사가 기존 협력사이므로 고객사가 교체 비용을 고려하지 않을 수 없다. 따라서 자사가 교체 비용에 상응하는 수준의 가치를 추가로 고객사에 제공해주어야 한다. 예를 들면 스페어파트 제공, 무상 트레이닝 실시, 서비스 대응 시간 협약 등으로 대응할 수 있다. 자사의 역량 중에서는 품질이 강점이지만, 해당 프로젝트의 고객사 관점에서는 품질이 별로 중요한 역량이 아니므로 이 부분을 부각시키는 데 집중해서는 큰 효과를 거두기 힘들다.

종합해보면, 자사의 초기 배틀 카드는 [그림 2-19]와 같은 방향으로 영업 전술을 수정해야 한다. 수정이 필요한 항목에 대해서는 [그림 2-20]과 같이 실제적인 대응 전술을 수립할 수 있다.

한편, 가격 역량과 관련해서 볼 때 만일 고객사가 가격을 구매 결정에 매우 중요한 핵심 역량으로 우선시하고 있는데 우리의 경쟁사가 하필이면 가격 경쟁력 면에서 자사 대비 비교우위에 있다면 어떻게 할 것인가? 가장 먼저 고려할 수 있는 대응 방안은 자사도 제품 포트폴리오(portfolio)에서 가격 경쟁력이 가장 높은 제품을 제시하는 것이다. 하지만 그것만으로 부족할 수도 있다. 그럴 때는 가격 할인의 대안(배트나)을 찾아 어떻게든 경쟁사와의 가격 비교열위 상태를 극복해야 한다. 그리고 가격 할인폭을 결정할 때는 6대 핵심 역량 이외의 추가 정보를 고려해야 한다. 바로 본 프로젝트의 구매 수량과 향후 고객사에서 예상되는 추가 구매 퍼텐셜이다. 이 정보는 핵심 역량이 아닌 독립적인 정보이지만, 가격 대응 전술의 핵심 고

[그림 2-19] A 프로젝트 진행 관련 자사의 영업 전술 수정 방향

[그림 2-20] A 프로젝트 진행 관련 종합적인 자사의 영업 전술 수립

려 사항이기 때문에 가격 전술 수립 시에 반드시 고려하여야 한다. 구매 수량이 많다면 가격 할인폭은 더 크게 가져갈 수 있다. 수량은 늘었지만 해당 수량의 제품을 고객사에 납품하고 서비스하는 데 소요되는 자사의 고정비는 구매 수량에 비례해서 늘지 않기 때문이다. 그 차이 정도를 금액으로 환산해서 자사가 고객사에 추가 할인폭을 제공할 수 있는 것이다. 그러므로 이 부분을 복합적으로 고려해서 고객사에 최종 가격 할인율을 제안해야 한다. 이러한 논리적인 근거 없이 마구잡이로 할인폭을 결정하다 보면, 아무리 많은 프로젝트를 경험하더라도 영업 전략과 전술을 수립하는 데 기술영업사원의 역량이 커지지 못하게 된다.

지금까지 기술영업의 6대 핵심 역량에 대한 정량적인 정보를 기준으로 세일즈 데이터베이스(배틀 카드)를 구축한 상태에서 개별 영업 전술을 세우는 '카드 게임 전술'에 대해서 살펴보았다. 간단히 말하면, 카드 게임 전술은 6개의 핵심 역량을 보면서 전술을 세우되 고객의 중요도 우선순위가 게임의 득점 규칙이 되고, 그 규칙에 따라 자사가 비교열위인 역량은 보강하고 비교우위인 역량은 강조할 수 있도록 추진하고, 그 외에 고객이 관심을 두지 않는 부분은 신경 쓰지 않는 것이다. 아주 간단한 방법이지만 사실 이 카드 게임 전술은 모든 프로젝트의 전술 수립에 적용할 수 있다. 더욱이 정량적인 세일즈 데이터베이스 정보를 바탕으로 진행하는 것이기 때문에 데이터베이스가 축적됨에 따라 전술의 정확도가 지속적으로 상승하고, 어떠한 프로젝트에도 적용할 수 있는 표준화된 전술을 수립할 수 있다. 또 경험에 의지하는 것이 아니라 데이터베이스를 기반으로 하기 때문에 누구나 지속적으로 전술을 수립할 수 있다.

카드 게임 전술의 장점 4가지를 정리해보면 다음과 같다.

◆ **표준화, 정량화된** 전술 (quantitative)

◆ **6개 역량 분석만으로** 누구나 수립 가능 (simplicity)

◆ **지속적으로** 전술 수립 가능 (continuance)

◆ 전술의 **정확도 점진적 향상** (progress)

많은 기업이 정기적으로 영업 회의를 통해 매출 향상 대책을 논의하면서 어떠한 전략이나 전술이 적절한 것인지 갑론을박하는 과정을 거쳐 영업 전략을 도출한다. 이때 각 프로젝트의 현 상황을 인지하고 있는 것이 중요한데, 보통 영업 담당자의 설명에 의지할 수밖에 없기 때문에 다분히 정성적이고 표준화되어 있지 않은 경우가 많다. 이에 무슨 정보가 빠졌는지 파악하기가 어렵고 중요한 정보를 놓친 상태에서 전략을 수립함으로써 그릇된 방향으로 수립하게 될 가능성이 있다. 또한 정성적인 정보를 바탕으로 수립한 전략은 매번 달라지는 일회성 전략일 수밖에 없으니, 새 프로젝트를 수행할 때마다 영업 담당자들은 전략 수립을 위해 머리를 쥐어짜야 한다.

반면 본서에서 소개한 카드 게임 전술을 영업 전략 수립의 기본 가이드라인으로 활용한다면, 영업 전략 수립 시의 이러한 불합리성을 크게 해소할 수 있으리라 생각한다. 카드 게임 전술은 개별 영업 담당자에게 영업 전술 수립의 기본 가이드라인을 제공해준다. 뿐만 아니라 영업부 리더나 대표자에게도 개별 프로젝트들이 처한 객관적인 영업 경쟁 상황을 일목요연하게 파악할 수 있게 해주어 각 상황에 대응하는 영업 전술의 타당성을 명확하게 분석하고 코칭할 수 있는 유용한 툴로 작용한다.

끝으로 덧붙이면, 카드 게임 전술은 영업 전술을 수립하는 데 일종의 기본 골격과 같은 것이므로 굳이 필자와 동일한 방법을 사용할 필요는 없고 각자의 기호에 맞게 변형해서 활용하기를 권한다. 예를 들면 산업에 따라 기술영업의 6대 역량 간 중요도 비중이 달라질 텐데, 그런 경우에는 추가로 역량 간 중요도 비중을 고려하여 각자가 속한 산업에 더욱 적합한 세일즈 데이터베이스를 구축하면 된다. 핵심 포인트는 영업 전술 수립은 분석적·정량적으로 하는 것이고, 이를 위해 적합한 세일즈 데이터베이스를 구축하는 것이 중요하다는 점이다.

3-4 영업 전술 수립을 위한 정보 수집 방법

B2B 영업에서는 통상 정보 수집을 먼저 한 후에 수집한 정보를 바탕으로 영업 전략이나 전술을 수립하지만, 이 장에서는 내용의 중요도에 따라 핵심 내용인 전략과 전술 수립 방법을 먼저 소개하였다. 자 그럼, 이제부터는 영업 전술 수립에 도움을 주는 정보는 어떻게 수집할 수 있는지 살펴보도록 하자.

1) 고객사 심층 인터뷰

B2B 영업 전술을 수립하기 위해 시장 정보를 수집하는 방법에는 여러 가지가 있다. 전시회에서 부스 방문자를 대상으로 설문지 조사를 활용할 수도 있고, 기술 세미나를 열어서 참석자들에게 설문지에 대한 답변을 들을 수도 있다. 하지만 설문지를 통한 정보 수집에는 답변에 대한 신뢰도를 보장할 수 없다는 한계가 있다. 그렇다면 어떠한 방식을 사용해야 비교적 정확한 고객정보를 얻어낼 수 있을까? 고객사를 직접 방문하여 심층 인터뷰(in-depth interview)를 진행하면 고객사 담당자로부터 사실에 입각한 답변을 이끌어낼 수 있다. 상황에 맞게 적절한 질문을 건네며 대화를 하다 보면 기대했던 것보다 더 많은 유익한 정보를 파악해낼 수도 있다.

심층 인터뷰를 진행하기 위해서는 사전에 질문지를 작성하는 것이 좋으며 상대방의 답변을 통해 대화를 깊이 이어갈 수 있도록 열린 질문(open question)을 준비해야 한다. 이때 질문의 목적이 명확해야 하는데, 무엇을 알기 위해서 인터뷰를 진행하는지를 분명히 알아야 관련 질문을 제대로 도출할 수 있기 때문이다. 심층 인터뷰를 진행할 때는 고객사 담당자에게 질문지를 제공하고 작성하게 하기보다는 자사 담당자가 직접 질문지를 들고 질의하는 것이 좋다. 이유는 고객이 질문의 의도를 정확히 인지하지 못하고 답변을 작성할 수도 있고, 문장보다는 말로 질문을 건네는 것이 더 명확하게 전달될 수 있기 때문이다. 또한 인터뷰 도중 놓치는 부분을 나중에라도 보완할 수 있도록 가능하면 고객에게 양해를 구하고 인터뷰 시 녹음을 하는 것이 좋다.

한편, 영업 전략에 대한 몇 가지 가설을 미리 세워둔 후 해당 영업 전략 중 어느 것이 유효한지를 검증하는 방식으로 인터뷰를 진행할 수도 있다. 사실, 시장 정보를 수집할 때 무턱대고 아무 정보나 수집한다는 것은 제한된 가용 자원을 활용해야 하는 기업으로서는 거의 불가능한 일이다. 결국 정보 수집의 범위를 좁혀서 무슨 정보를 수집할 것인지 목적을 명확히 하고 영업 전략을 설정한 후 거기에 맞추어 타깃팅한 정보만을 수집해야 한다. 이에 적합한 방법으로 가설을 세워두고 그것을 검증하는 인터뷰 방식이 추천할 만하다. 예를 들어 먼저 영업 전략에 대한 잠정적인 방향을 몇 가지 세워둔 후 그중에서 무엇이 고객사가 원하는 방향인지 고객사 인터뷰를 통해 검증하는 식으로 인터뷰를 진행할 수 있는 것이다. 이는 필자가 자주 사용하는 방식으로 가용 자원이 제한적일 때 유용하다.

고객사 심층 인터뷰를 통해서 우리가 얻을 수 있는 것은 단순히 질문에 대한 고객의 답변만이 아니다. 질문과 답변을 심도 있게 주고받는 과정을 거치면서 사전에 우리가 알고자 했던 것 이상의 사실들을 추가로 발견할 가능성이 높다. 이는 곧 고객의 숨겨진 니즈, 고객도 미처 깨닫지 못한 니즈를 찾아내는 것으로 심층 인터뷰의 궁극적인 목표라고 할 수 있다. 숨겨진 니즈 파악이란 한마디로 '고객의 피드백에서 숨어 있는 의미를 파악하는(read between the line) 것'이다. 고객의 표면화된 니즈는 자사만이 아니라 경쟁사도 쉽게 파악할 수 있는 내용이다. 하지만 고객의 숨겨진 니즈, 고객도 미처 깨닫지 못한 니즈는 제대로 가공한다면 자사의 필승의 무기로 변신할 수 있다.

과거 필자가 신제품 개발 기획을 수행하는 과정 중 고객의 선호도를 분석하기 위해서 경쟁사 제품을 사용 중인 고객들과 인터뷰를 진행한 적이 있다. 인터뷰를 통해 고객의 우선적인 요구사항(표면화된 니즈)을 정량적으로 도출해냈고 그것을 최대한 반영하여 제품 개발을 추진하였다. 그러나 기대했던 바와 달리 고객들의 자사 제품으로의 교체 구매가 적극적으로 일어나지 않았다. 이처럼 분명히 고객들이 언급한 요구사항을 토대로 제품을 개발해 출시했는데, 고객들이 구매에 미온적인 상황이 발생하는 이유는 무엇일까? 다양한 이유가 있겠지만, 고객의 표면화된 니즈만 반영하고 숨은 니즈를 등한시한 것이 결정적 요인일 수 있다. 일반적으로 고객들은 제품에 대해 피드백을 줄 때 스스로 사용해본 적이 없더라도 자신이 생각했을 때 이상적이고 정답이라고 생각하는 내용을 전하는 경향이 강하다. 때문에 고객의 의견이 반드시 자신들이 필요로 하는 기능이 아니거나, 현실적으로 자신들의 사용환경에 적합하지 않은 기능일 수도 있다. 따라서 그러한 기능을 지닌 제품이 출시되더라도 반드시 구매로 연결되지 않는 것이다. 그리고 설사 고객들이 그러한 제품을 원한다고 해도, 현재 사용 중인 제품을 버리고 자사의 제품을 구매하기 위해서는 기존 프로그램 교체, 사용 교육 이수, 스페어파트 재구매 등 유무형의 부담이 뒤따르기 때문에 제품 교체를 주저하게 되는 것이다.

그런데 대다수의 고객들이 인터뷰에서 이러한 투자의 걸림돌들을 표면화하지 않고, 자신들이 원하는 이상적인 기능(표면화된 니즈)만 만족한다면 구매하는 데 문제가 없을 거라고 말한다. 그러므로 고객의 니즈를 제대로 파악하기 위해서는 이러한 고객의 숨은 걸림돌들과 이상적인 의견들을 캐치할 수 있어야 한다. 그래서 기존에 사용하던 레시피들을 자동으로 전환해주는 기능을 새로운 제품에 반영하거나, 고객이 기존에 사용하던 환경과 비슷한 소프트웨어를 제공하여 사용자 교육에 대한 부담을 줄여주어야 한다. 이러한 과정을 통해 이상적인 솔루션이 아니라 고객의 사용 현실을 감안한 최적화된 솔루션으로 제품 개발에 대응할 수 있고 소위 '팔리는 제품'을 만들어낼 수 있다.

그렇다면 고객도 모르는 니즈는 왜 발생하며, 어떻게 파악할 수 있을까? 고객들은 제품을 개발하는 것이 아니라 개발된 제품을 사용하는 입장이므로 자사 제품에 대해 제한적인 지식을 가지고 있을 수밖에 없다. 반면 자사는 사용자가 아니므로 사용자 경험이 부족한 상태에서 제품을 개발하게 된다. 제품에 대한 이러한 고객의 제한적 지식과 자사의 제한적인 사용자 경험은 결국 최상의 제품 개발을 저해하는 기술적인 맹점으로 작용한다. '해당 제품은 원래 그렇게 사용하는 것이다'라는 일종의 패러다임이 생기고, 이것이 고객도 모르는 니즈의 장벽을 형성하는 것이다. 그러므로 만일 자사가 제품 개발에 있어서 고객의 사용 경험을 충분히 인지하고 거기에서 통찰력을 발휘할 수 있다면, 패러다임을 뛰어넘는 혁신적인 기능을 지닌 제품을 구현해낼 수 있을 것이다. 즉 고객도 모르는 니즈를 찾아내어 패러다임의 전환을 이루는 혁신 제품, 소위 고객이 '열광하는 제품'을 만들어낼 수 있을 것이다.

2) 내부 직원 인터뷰

영업 전술 수립을 위한 정보 수집 시 자사 내부 직원들이나 파트너사 직원들을 인터뷰하는 것도 매우 유용한 방법이다. 고객사 담당자들은 자사 직원들만큼 자사 제품에 익숙하지 못하기 때문에 제한적인 피드백을 줄 수밖에 없는 면이 있다. 예를 들어 고객사 담당자에게 자사 제품을 사용하는 데 불편한 점은 없는지 물어보면, 그는 자사 제품의 수많은 기능 중에서 자신이 자주 사용하는 기능에만 국한해 답변을 건네기 마련이다. 고객사 담당자가 주로 하는 작업이 자사의 제품을 사용하여 생산관리를 하는 것이라면, 거기에만 한정해서 자사의 제품은 '생산 준비 시간이 너무 길어서 불편하다'라는 피드백을 줄 수 있는 것이다. 그것도 어느 부분이 어떻게 불편한지를 구체적으로 설명하기보다는 '그냥 타사보다 사용하는 데 시간이 더 걸린다'거나 '자신은 이렇게 사용하고 싶은데 꼭 저렇게만 사용해야 한다'는 식으로 일반적이지 않고, 자신의 기호에 맞지 않아서 불편하다는 피드백을 줄 수 있는 것이다.

반면, 자사의 엔지니어나 파트너사의 직원들은 대부분 자사 제품의 모든 기능에 전반적으로 익숙하다. 그리고 현장에서 고객사의 피드백을 수시로 듣기 때문에 여러 고객사로부터 비교적 공통적으로 듣는 불만이나 불편한 포인트를 편중되지 않은 시각으로 파악하고 있을 수 있다. 따라서 고객사의 인터뷰 진행에 앞서 자사나 파트너사의 담당자들과 인터뷰를 진행해서 사전에 전반적인 정보를 파악하는 것도 좋은 방법이다.

물론, 이렇게 내부 인력들의 피드백을 파악하는 데에도 고려해야 할 사항이 존재한다. 내부 인력은 자사 제품의 사용자이기는 하지만 실제 고객사 담당자가 아니다. 그렇기에 자사의 제품을 활용하는 데 있어서 사용 기능이나 시점 등에서 고객사와 차이가 난다. 즉 고객은 자사 제품을 구매해서 실제 제조하는 데 필요한 기능을 주로 사용하지만, 자사나 파트너사의 엔지니어들은 제조에 쓰이는 기능보다는 유지보수에 자주 쓰이는 기능이나 프로그래밍, 평가 테스트 등에 쓰이는 기능들 위주로 사용한다. 그러므로 자사 엔지니어나 파트너사 엔지니어의 피드백과 고객사의 피드백에는 차이가 존재할 수 있다는 점을 유념해야 한다. 결국, 양쪽의 피드백을 모두 수집한 후 그 속에서 추가로 제대로 된 니즈를 분석해내는 작업이 필요한 것이다.

이것만 기억하자!

- **세일즈 데이터베이스를 구축할 때는 먼저 데이터의 활용 목적을 명확히 해야 한다.**

영업 전략 수립에 활용 가치가 높은 세일즈 데이터베이스를 구축하기 위해서는 사용 목적을 명확히 규정하여 그에 맞는 데이터베이스를 구축한 후, 이를 영업 전술 수립에 적극적으로 활용해야 한다.

- **기술영업의 3대 구성원과 6대 핵심 역량 요인이 데이터베이스 영업 전술의 기본 요소이다.**

기술영업의 3대 구성원인 고객사, 자사, 경쟁사는 프로젝트별로 상호 유기적인 관계를 형성하고 있다. 구매에 주된 영향을 미치는 6대 핵심 역량(영업력, 기술력, 가격 경쟁력, 평가 성적, 품질, 서비스 대응력)에서 자사와 경쟁사는 프로젝트별로 비교우위 또는 비교열위에 있으며, 이러한 역량 차이가 고객의 선호도에 따라 수주 성패에 영향을 미치게 된다.

- **수집한 6대 핵심 역량 정보를 바탕으로 프로젝트 상황별 대응 전술을 도출해내는 것이 전술 수립의 핵심이다.**

프로젝트별 영업 전술 수립이란, 개별 프로젝트를 구성하고 있는 3대 구성원인 고객사, 자사, 경쟁사별 6대 핵심 역량 강도를 정량적으로 수집한 후 이를 바탕으로 경쟁사 대비 부족한 역량은 채우고, 자사가 우위에 있는 역량은 고객사 설득을 통해 부각시키는 작업을 수행하는 것이다. 이로써 경쟁사보다 비교우위에 설 수 있고 이기는 전술을 도출해낼 수 있다.

- **영업 전술 수립을 위한 정보는 고객사 심층 인터뷰나 내부 직원 인터뷰를 통해 수집할 수 있다.**

고객사 심층 인터뷰로 고객의 숨겨진 니즈를 파악할 수 있으나, 고객이 자사 제품에 대해 잘 모른다는 점에서 한계가 존재한다. 이런 경우 자사 현장 직원들이나 파트너사 인터뷰를 통해 보완할 수 있다.

4 지속적인 성장을 위한 영업 전략

앞에서 기술수용주기별 대응 영업 전략과 세일즈 데이터베이스 기반의 영업 전술 수립 방법에 대해 살펴보았다. 이렇게 습득한 전략과 전술을 잘 적용하여 시장에서 어느 정도 매출을 확보하고 안정적인 성장을 하고 있다고 가정해보자. 그런데 힘들게 이룬 매출 신장을 지속적으로 유지하려면 어떠한 전략을 취해야 할까? 이번 절에서는 안정적인 매출 신장을 지속적으로 이루기 위해 필요한 전략은 무엇인지 알아보도록 하자.

4-1 신규 시장 개척 전략

앞서 [그림 2-4]에서 기술수용곡선에 따른 매출 증가에 대한 설명을 하면서 지속적인 매출 성장을 유지하려면 현재의 제품이 쇠퇴기에 접어들기 전에 추가로 신규 제품을 출시하여 해당 제품이 성장기에 접어들 수 있도록 해야 한다고 설명하였다. 그 그래프를 다시 한 번 살펴보자.

[그림 2-21]에서 알 수 있듯이 B2B 시장에서 자사 매출을 지속적으로 발생시키며 성장하기 위해서는 신규 시장을 계속해서 발굴해야 한다. 그리고 신규 시장의 발굴보다 더더욱 중요한 것은 신규 시장에 제대로 안착하여 안정적인 매출을 이끌어내는 것이다. 안정

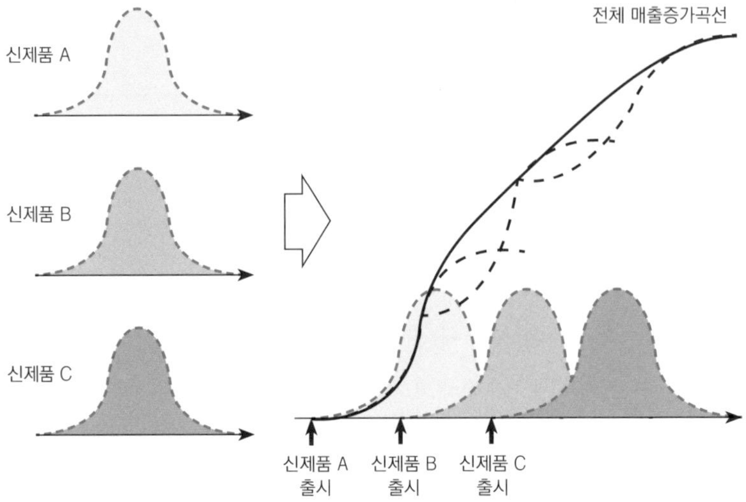

[그림 2-21] 지속적인 매출증가곡선

적인 토네이도 모드(tornado mode)까지 진입을 이끌어내지 못한다면 신규 시장 개척은 오히려 회사의 손실로 이어질 수도 있다.

그렇다면 신규 시장에 진출해서 안정적인 토네이도 모드까지 진입하기 위해 우리가 알아야 할 사항에는 어떠한 것들이 있을까? 먼저, 신규 시장 진출 시의 영업 전략에 대한 내용은 2절 '기술수용주기에 따른 영업 전략' 부분에서 이미 설명하였으니 생략하도록 하자. 본 절에서 필자가 강조하고자 하는 내용은 신규 시장에 진출했을 때 필연적으로 발생하는 잠재 리스크에 대한 관리 방법이다. 신규 시장 진출은 말 그대로 우리가 모르는 시장이다. 모른다는 것 자체가 리스크이며, 이 리스크를 안고 진출한다는 것은 결국 진입 실패의 가능성이 높다는 것이다. 따라서 여기서는 성공적인 신규 시장 진입을 가로막는 잠재 리스크는 무엇이며, 이를 어떻게 효과적으로 관리할 수 있는지에 대해 중점적으로 알아보겠다.

신규 시장 개척과 관련하여 우리가 대면하는 리스크는 크게 2가지로 나눌 수 있다. 첫 번째는 신기술에 대한 리스크이고, 두 번째는 신시장에 대한 리스크이다. 신기술을 가지고 우리는 얼마든지 신규 매출을 만들어낼 수 있으며 기존 기술로도 얼마든지 신시장에 진출할 수가 있다. 또한 신기술을 적용한 제품으로 신시장에 진출할 수도 있다.

필자는 시장의 리스크를 효과적으로 관리하기 위해서는 절대로 신규 기술을 가지고서 신규 시장을 개척하려고 하면 안 된다고 생각한다. 반드시 신기술로 기존 시장을 공략하든지, 기존 기술을 신시장에 맞게 변환하여 신시장에 진출하든지 해야 한다. 신기술은 하나의 변수이다. 우리가 성공할지, 실패할지 모르기 때문이다. 마찬가지로 신시장 역시 변수이다. 따라서 신기술을 가지고서 신시장에 도전하게 되면 우리는 '신기술'과 '신시장'이라는 2가지 변수와 맞닥뜨리게 되는 것이다.

시장에 성공적으로 안착하려면 변수가 하나일 경우에도 리스크 관리에 최대한 집중해야 하는데, 변수가 2개라면 어찌할 것인가? 그러므로 신규 시장 개척을 통하여 지속적인 매출 신장을 이루기 위해서는 [그림 2-22]와 같은 단계적인 진출이 필요하다. 먼저, 자사가 신기술을 개발했다면 자사가 영위하고 있던 시장에서 그 기술로 틈새시장을 공략하면 된다. 시장 자체는 자사가 충분히 알고 있으므로 상수로 볼 수 있으니 해당 신기술이 유일한 변수이다. 즉 리스크를 관리해야 할 변수가 하나뿐이므로 틈새시장 진입에 성공할 확률이 높아지게 된다. 이렇게 해서 틈새시장 진입에 성공하면, 그동안 신기

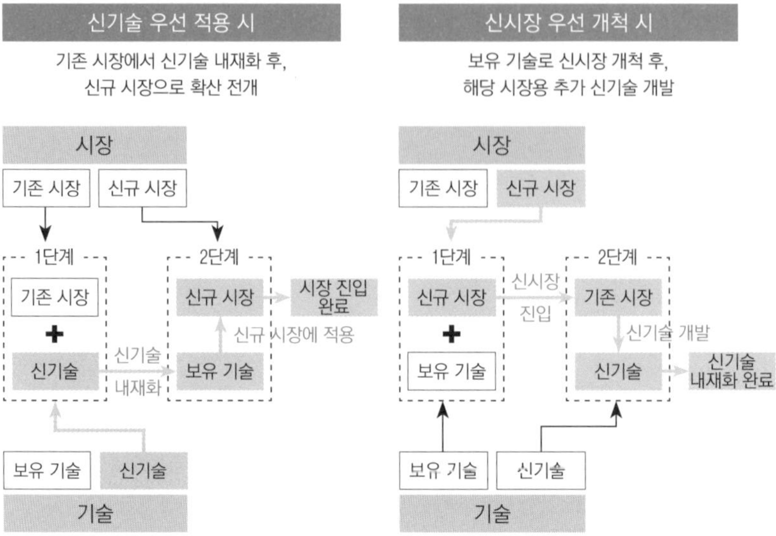

[그림 2-22] 신규 시장 개척의 순서

술이 적용된 제품은 안정적으로 구동되고 문제점이 개선되면서 자사에는 이제 더 이상 변수가 아닌 상수로 바뀐다. 그러면 이제 상수가 된 해당 신기술을 가지고서 우리가 최종적으로 진입하고자 하는 신시장을 공략하면 되는데, 그때도 자사는 신시장이라는 하나의 변수만 맞닥뜨려 리스크를 안정적으로 관리할 수 있고 신시장 진입에 성공할 확률이 높아지게 된다.

반대로, 기존 기술을 가지고서 신규 시장에 진출할 수도 있다. 이렇게 신시장 진출에 성공하면 해당 시장은 자사에 더 이상 신시장이 아니라 기존 시장이 될 것이다. 그러면 다음 단계로, 상수가 된 기존 시장에서 신기술로 틈새시장을 발굴해볼 수 있다. 점진적으로, 그러면서도 한 번에 하나의 변수만을 두는 것이 신규 시장 개척에서 핵심 고려 사항이다. 이렇게 함으로써 우리는 새로운 시장 개척과 그로부터 파생되는 리스크의 효과적인 관리라는 두 마리 토끼를 동시에 잡을 수 있다.

신시장 개척과 관련하여 추가적으로 유념해야 할 부분은 애자일(agile) 또는 어댑티브(adaptive)한 개발 방식을 견지해야 한다는 것이다. 애자일 또는 어댑티브 방식이란 변화되는 상황에 따라 민첩하고 유연하게 대응하는 것을 의미한다. 신제품의 성공 확률은 얼마나 될까? 마케팅 전문가들에 따르면 일반적으로 신제품 중 80%가 실패한다고 한다. 따라서 우리는 실패를 거듭할 수밖에 없다는 점을 받아들이고 빨리 얕게 실패하고, 다시 재빠르게 고쳐나가며 대응할 수 있는 '민첩하고 유연한 조직'을 갖추어야 한다. 사실상 이렇게 빠르게 변화하는 첨단산업 시대에 완벽한 기획이란 존재하기 어렵다. 완벽을 추구하다 보면 때를 놓치기 쉽다. 그러므로 아이디어가 떠오르면 그 즉시 프로토타입(prototype)을 만들어 테스트해보고 그때그때 민첩하게 변형해보는 개발 대응 방식을 취해야 한다. 이것이 신시장 개척에 적합한 '애자일 방식'이다. 이러한 방식은 기존의 비대하고 경직된 수직적인 조직 구조에서는 실현하기 어렵다. 조직 내에서 문제점을 분석하고 소통하고 재기획하는 과정을 거치는 동안 시간이 너무 많이 소요되기 때문이다. 신시장 개척에는 스타트업(start-up)과 같이 민첩하게 수평적으로 소통하며 집단지성이 작동할 수 있는 조직이 필요하다. 아울러 성공보다 실패를 더 많이 경험하게 되는 활동이 신시장 개척인 만큼, 실패를 용인하며 실패에서 배우고 다시 민첩하게 태세 전환을 할 수 있도록 제도적으로도 뒷받침해줄

수 있는 조직이 필요하다.[9]

영업적인 관점에서 보면, 1장에서 소개한 프리세일즈 단계에서 활용 가능한 세일즈 채널 중 전시회나 산업 매거진 등을 통해서 잠재 고객사를 점진적으로 확보해나가는 것이 신시장 개척의 출발점이다. 특히 전시회가 매우 중요한데, 전시회 참전을 통해서 잠재 고객사를 확보할 수 있을 뿐만 아니라 해당 업계에서 자사 제품을 홍보할 잠재 대리점 후보들을 알고 그들의 규모나 동향을 파악하여 이후 상호 비즈니스 협력을 검토해볼 수 있기 때문이다. 물론 기존 시장의 파트너사가 해당 신시장에서도 비즈니스를 영위하고 있다면, 기존 영업 채널을 신시장 개척에 그대로 활용할 수도 있다.

그리고 신시장 개척을 위해서는 해당 시장에 대한 영업 인력들의 기술지식(domain knowledge) 습득이 매우 중요하다. 신시장에 대한 정보가 부족한 상태에서 관련 기술지식과 고객정보를 습득하는 데에는 상당한 시간이 걸리기 마련이고, 이것이 시장 확대의 가속화를 제한할 수가 있다. 이런 경우에는 대안으로 해당 시장에 경력이 있는 영업 담당자를 영입하여 단시간에 자사 인력들의 시장 기술지식을 함양하고 헤드핀 고객사를 파악하는 등 시장 개척 가속화에 도움을 줄 수 있다.

---

9 애자일 기획 관련 내용은 《이기적 직원들이 만드는 최고의 회사》(유호현, 2019) 내용을 참고하여 기술하였다.

4-2 '파괴적 혁신'에 대한 대응 전략

지속적인 매출 신장을 위해서 우리가 반드시 알아야 할 것이 또 한 가지가 있다. 바로, 파괴적 혁신(disruptive innovation)이다. 이를 알아보기에 앞서, 일단 혁신과 개선의 차이점을 명확히 아는 것이 중요하다. 기업에서 혁신이라는 단어를 흔히 사용하게 되면서 사람들이 개선과 혁신의 차이를 혼동하는 경우가 많아졌는데, 두 개념 사이에는 분명한 차이가 있다.

◆ **개선**이란 기존 제품이나 기술에서 추가적으로 무언가 더 좋아지는 것이다. 기업이 끊임없이 내놓고 있는 신제품들은 개선을 거듭하는 것이라 볼 수 있다.

◆ **혁신**이란 기존 기술의 패러다임을 완전히 넘어서는 것으로 각고의 노력과 오랜 시간을 필요로 한다. 새로운 기술이나 개념을 적용하여 기존 기술의 잔재가 보이지 않아야 진정한 혁신적인 제품이라고 지칭할 수 있다.

세계적인 경영 구루로 꼽히는 클레이튼 크리스텐슨은 《파괴적 혁신 4.0(The Clayton M. Christensen Reader)》에서 '파괴적 혁신'의 개념을 다음과 같이 정의했다.

"파괴적 혁신이란 기존 시장에서 열등한 기술로 치부되었던 기술이 고객의 틈새 니즈와 부합해 폭발적으로 성장하면서 주력 시장의 한 축으로 성장하거나, 기술 발전의 기하급수적 가속화를 등에 업고 기존의 패러다임 기술을 전복시키고 시장의 주류가 되는 것이다."

위의 정의에서 흥미로운 점은 파괴적 혁신이 대단한 기술에서 출발하는 것이 아니라 오히려 열등하다고 등한시되던 기술에서 촉발한다고 본 점이다. 이는 기존의 업계 강자들이 '설마 그 기술로 성공할 수 있겠어?'라고 방심하는 사이에 시장 재편의 단초를 제공하게 된다는 의미로 이해할 수 있다. 저자는 그 한 가지 예로, 과거 비디오테이프 대여 시장의 절대 강자였던 블록버스터(Blockbuster)를 무너트린 넷플릭스(Netflix)를 들고 있다. 과거 넷플릭스는 비디오 대여 서비스 시장을 장악 중인 블록버스터와는 투자 여력 및 규모의 경제 면에서 열등해 정면 승부로는 경쟁력이 없었다. 이에 넷플릭스가 대안으로 선택한 것은 당시 비디오테이프에 비해서 상대적으로 열등한 품질로 인해 블록버스터의 관심 밖이었던 비디오 스트리밍 서비스라는 신규 시장이었다. 넷플릭스는 모든 역량을 신규 시장 개척에 집중하면서 결과적으로 블록버스터가 누리고 있었던 비디오 대여 시장을 파괴적 혁신 기술인 비디오 스트리밍 서비스로 재편하는 데 성공하였다. 거대 공룡 기업이던 블록버스터는 넷플릭스가 틈새시장으로부터 일으킨 파괴적 혁신에 이렇다 할 대처도 하지 못한 채 자신들이 이끌던 주류 시장을 잠식당하고 결국 파산의 길을 걷게 되었다.

그렇다면 파괴적 혁신은 어떻게 발생하는 것일까? 파괴적 혁신이 성공할 수 있는 이유는 무엇일까?

◆ 첫째, 기업들이 경쟁사가 촉발시킨 파괴적 혁신 기술을 대수롭지 않게 생각하고 소홀하게 대처하기 때문이다. 물론 대부분의 파괴적 혁신 기술은 초기에는 기존의 주류 기술에 비하면 열등한 위치에 있기 때문에 시장의 주류 기술로 발전할 가능성이 그다지 높지 않은 것이 사실이다. 그러나 우리가 반드시 명심해야 할 부분은 기술은 항상 발전하고, 또 일부 기술은 기하급수적으로 발전한다는 것이다. 이에 열등한 기술이라고 치부했던 분야의 기술이 제반 기술의 급격한 발달로 우월한 위치에 껑충 올라설 수도 있다. 만약 급격한 네트워크 속도와 저장소 용량 기술의 발전이 없었다면, 넷플릭스의 비디오 스트리밍 서비스는 블록버스터가 생각한 대로 그다지 위협적인 기술이 되지 못하고 결국 사장되었을지도 모른다. 하지만 비디오 스트리밍 서비스의 품질이 급격하게 상승할 수 있도록 제반 기술이 발전하고, 여기에 해당 기술이 지니는 고객 편의성이 더해져 파괴적인 혁신 기술로 발돋움한 것이다.

◆ 둘째, 파괴적 혁신이 성공할 수 있는 이유는 시장의 변화에 따라 주류 고객의 요구가 계속 변화하기 때문이다. 앞서 설명한 기술수용주기에서 초기의 선각수용자 단계의 고객들은 비싼 비용을 치르더라도 우월한 기술의 제품을 구매하겠지만, 후기다수수용자 단계의 고객들로 넘어가면서 우월한 성능보다는 적당한 성능이면서 가격적인 메리트가 있는 상품을 원하는 고객이 주류가 될 수 있다. 이럴 경우, 열등한 기술의 후발 주자들도 시장 진입의 기회를 얻게 되는 것이다. 시장 변화에 따른 파괴적 혁신의 성공

사례로는 과거 대형 프린터 시장의 절대 강자였던 HP(Hewlett-Packard Company)에 맞서 중소형 프린터 시장을 석권한 캐논(Cannon)을 들 수 있다. 당시 프린터의 주류 고객은 대기업이었고 HP는 대기업들이 원하는 고성능 프린터 사업에 집중하여 시장을 석권하고 있었다. 반면, 후발 주자인 캐논은 HP 대비 열등한 기술력을 보유하고 있어서 HP 입장에서는 그다지 위협적인 경쟁사가 아니었다. 그런데 시간이 흐름에 따라 소규모 사무실이나 가정에서도 프린터에 대한 수요가 급증하면서 적당한 기술에 저렴한 가격을 갖춘 프린터가 주목받게 된다. 이에 성능 면에서 비교열위에 있었던 캐논이 고성능 프린터로 대표되는 HP를 따돌리고 중소형 프린터가 시장을 장악하게 되었다.

이런 점으로 미루어 볼 때, 기업은 항상 파괴적 혁신에 대응하기 위해 경쟁사의 기술 자체만이 아니라 해당 기술의 바탕이 되는 제반 기술들과 그 기술들의 발전 가능성, 제반 기술의 발전이 열등한 기술에 미칠 수 있는 변화까지 예측해서 면밀하게 모니터링해야 할 것이다. 그리고 더 나아가 기술 변화만이 아니라 시장의 요구사항까지 면밀하게 모니터링해야 할 것이다. 한때의 히트 상품이 언제나 히트 상품으로 보장받을 수는 없다. 따라서 기술수용주기에 따른 잠재 시장의 변화에 맞추어 최적화된 상품을 발빠르게 출시하는 것이 시장 변화에 따른 파괴적 혁신 출현에 대응하는 기업의 기본 자세가 되어야 한다.

파괴적 혁신과 궤를 같이하는 또 하나의 화두로 '디지털 트랜스포메이션(digital transformation)'을 들 수 있다.[10] 디지털 트랜스포메이션이란 기존의 하드웨어 비즈니스라는 패러다임을 파괴하고 거기에 소프트웨어 기술을 접목하여 데이터 분석 기반의 비즈니스 모델로 전환을 이루는 것, 즉 기존의 경쟁 구도를 근본적으로 바꾸고 수익성을 드높이는 하나의 비즈니스 혁신을 지칭한다. 디지털 트랜스포메이션은 크게 3가지 분야에서 추진할 수 있다.

- 첫 번째는 고객과의 접점에서 기존의 대면 방식을 온라인 비대면 방식으로 전환하여 업무 효율성과 고객 감성을 높일 수 있는 분야이다. 대표적인 예로 전 세계적으로 지속적인 매출 성장을 이루고 있는 스타벅스(Starbucks)의 사례를 들 수 있다. 스타벅스는 모바일 앱을 통하여 구매 지불의 디지털화를 이루고, 고객의 사용자 경험을 축적한 뒤 지속적인 서비스 개선을 수행하고, 소셜미디어를 통해 소비자와 공감대를 형성하는 등 활발한 온라인 비즈니스 활동을 하고 있다. 스타벅스와 같은 하드웨어 비즈니스와 이러한 소프트웨어 기술이 창의적으로 접목되면서 더욱더 강력한 경쟁력을 지니게 되는 것이다.

- 두 번째는 기업 내 업무 방식에서 온라인화, 디지털화를 이룰 수 있는 분야이다. 현재 마이크로소프트(Microsoft)의 팀즈(Teams)

---

10 동명의 책 《디지털 트랜스포메이션(Leading Digital)》(조지 웨스터먼·디디에 보네·앤드루 맥아피 지음, 최경은 옮김, 2017)에 소개된 개념이다.

를 비롯해서 다양한 기업 웨어 솔루션들이 출시되고 있으며 기업들은 이를 도입해 사내 업무의 디지털화를 추진하고 있다. 아울러 4차 산업혁명, 스마트팩토리 추세에 맞추어 전사적 자원관리(Enterprise Resource Planning, ERP) 시스템을 도입하고, 업무 자동화를 위한 로봇 프로세스 자동화(Robotic Process Automation, RPA)를 도입하는 등 업무 방식에서의 디지털 트랜스포메이션이 활발히 진행되고 있다. 이러한 업무 방식에서의 디지털 트랜스포메이션은 업무 효율화를 높이고 기업의 고정비용을 줄여준다. 특히 중소기업이나 스타트업 기업에 비해서 부서 간 업무 협조나 결정 프로세스에서의 민첩성이 상대적으로 떨어지는 대기업의 경우, 업무 방식에서의 디지털 트랜스포메이션이 앞으로 기업 경쟁력을 유지하고 생존하기 위해서 꼭 갖춰야 할 필수 항목으로 자리잡고 있다.

기업이 업무 방식에서 디지털 트랜스포메이션을 진행하면 경쟁사 대비 효율성에 기반한 수익률 향상을 이룰 수 있는데, 이는 기업에는 지속적으로 발생하는 비용 절감에 따른 수익이므로 시간이 흐를수록 더욱 가치를 발하게 된다. 업무의 디지털화를 통한 수익률 향상은 특히 극한의 경쟁 환경에서 그 빛을 발하는데, 대표적인 경우로 세계 최대 온라인 상거래 기업인 아마존(Amazon)을 들 수 있다. 아마존은 자신들이 속한 온라인 상거래 업계에서의 핵심 경쟁력으로 낮은 물류 비용 달성을 목표로 삼았다. 소비자 입장에서는 동일한 제품 가격이면 당연히 배송비가 저렴한 업체의 상품을 구매하게 될 것이다. 이에 아마존은 이익의 상당 부분을 자동 제품 분류 시스템과 물류라인 구축, 드론 배송까지 고려한 끝없는 자동화, 디지털화에 투자하였고 이로써 저비용 고효율의 최고의 물류 배송 시스템을 구축하였다. 그 결과 이제는 세계 어느 기업도 아마존의 효율성을 따라갈 수 없을 정도로 온라인 상거래 시장에서 독점적인 위치를 점유하게 되었고, 비용 효율화를 통해 지속적인 수익을 창출하고 있다.

◆ 세 번째는 디지털 트랜스포메이션을 사업화에 적용함으로써 기존의 하드웨어 비즈니스 개념을 완전히 벗어나 소프트웨어 비즈니스만으로 새로운 시장을 창조할 수 있는 분야이다. 일례로 에어비앤비(Airbnb)나 우버(Uber)와 같은 공유경제로 대표되는 플랫폼(platform) 비즈니스를 들 수 있다. 과거에는 숙박 비즈니스 하면 대개 거대 다국적 호텔 체인을 떠올렸지만, 오늘날에는 호텔을 단 한 채도 소유하지 않고도 소프트웨어 플랫폼 비즈니스만으로 글로벌 호텔 체인을 능가하는 자산 가치를 자랑하는 에어비앤비를 누구나 쉽게 떠올리게 되었다. 차량 공유 서비스 플랫폼 업체 우버 역시 디지털 트랜스포메이션을 사업화에 적용해 택시 업계를 위협하는 시스템으로 크게 성장하였다. 이들은 비록 열등한 기술에서 시작하지는 않았지만, 기존 업계의 질서를 무너뜨리고 전혀 다른 방향에서 시장 경쟁 구도의 변화를 불러일으켰다는 면에서 일종의 파괴적 혁신으로 볼 수 있다.

디지털 트랜스포메이션은 앞으로 기업들이 필연적으로 나아가야 할 방향이다. 디지털 트랜스포메이션에 따르는 파괴적 혁신에 대응하는 방향은 자사도 발빠르게 디지털 트랜스포메이션을 준비하고 실행하는 것이다. 물론 모든 것을 한 번에 진행할 수는 없다. 자사의 역량과 효율성을 따져서 위에 설명한 3가지 분야의 디지털 트랜스포메이션 중에서 어느 분야에 선행적으로 집중할 것인지를 기대효과와 함께 판단하고 해당 분야에 자원과 역량을 투입해야 한다. 다만, 디지털 트랜스포메이션은 점진적인 변화로는 추진하기가 어렵다. 또 각종 소프트웨어 솔루션을 도입했다고 정착될 수 있는 것도 아니므로 자원 낭비로 끝나버리지 않도록 유의해야 한다. 디지털 트랜스포메이션은 반드시 대대적으로 추진해야 한다. 사실 엄청난 변화이기 때문에 이를 추진하는 데 문턱(threshold)이 존재하기 마련이고, 전사적인 참여와 가속도 있는 추진이 뒷받침되어야 이 문턱을 넘어서서 완전한 디지털 트랜스포메이션을 실현할 수 있다. 아울러 시장 내에서 경쟁사들의 디지털 트랜스포메이션 사업화 동향에 대해서도 모니터링을 면밀히 수행하면서 변화에 즉각 대처할 수 있도록 깨어 있어야 한다. 전사적으로 업무 디지털화를 성공적으로 이루었다면, 경쟁사들의 신규 디지털 비즈니스가 출현하더라도 그것이 파괴적인 혁신을 불러일으키기 전에 자사도 빠르게 대응할 수 있다.

파괴적 혁신과 대비되는 개념으로 창조적 혁신(creative innovation)을 들 수도 있다.[11] 창조적 혁신은 기존 시장 내에서 경쟁을 따돌리는 전략인 파괴적 혁신과 달리, 기존 시장에서 새로운 수요를 인식하여 그 분야로 혁신을 함으로써 새로운 시장을 창출하는 혁신을 통해 경

11 창조적 혁신이란 《블루오션 시프트(Blue Ocean Shift)》(김위찬·르네 마보안 지음, 안세민 옮김, 2017)에 소개된 개념으로 경쟁 없는 새로운 시장으로의 이동을 의미하는 것이다.

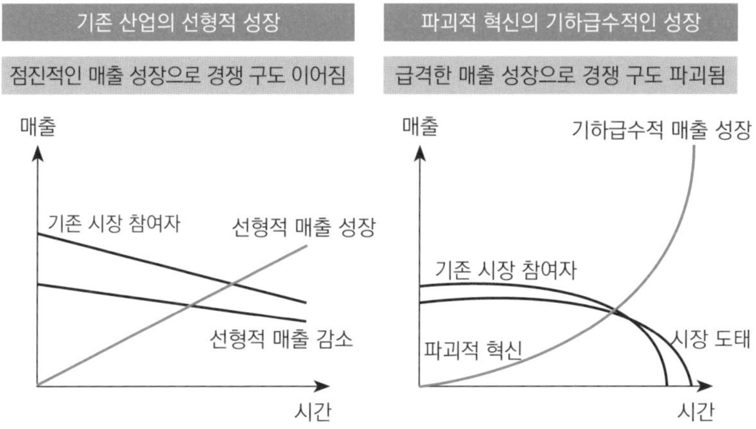

[그림 2-23] 선형적 성장 vs 기하급수적 성장

쟁을 따돌리는 전략이다. 이는 소위 틈새시장(niche market)이나 블루오션(blue ocean) 시장을 창조하여 그곳으로 먼저 이동함으로써 '게임의 규칙 전환(changing rule of game)'을 이룩하는 것이다. 프랑스의 다국적 가전업체 세브(Groupe SEB)가 출시한 감자튀김 조리기 액티프라이(Actifry)는 창조적 혁신을 이룬 제품으로 꼽힌다. 액티프라이는 '튀긴 음식에는 기름이 많이 들어간다'라는 기존의 가정용 전기 감자튀김 조리기 시장에 형성되어 있던 패러다임을 깨고, 기름을 최소화하면서도 더 바삭한 식감에 더 낮은 칼로리를 가지는 새로운 조리법을 구현하였다.

결론적으로, 파괴적 혁신이든 창조적 혁신이든 모두 시장 내에서 '게임의 규칙 전환'을 수행하여 경쟁사들을 따돌린다는 전략 면에서는 같은 양상을 지닌다고 할 수 있다. 따라서 B2B 기술영업인으로서 지속적인 성장을 위한 전략 수립에 고심하고 있다면, 게임의 규칙 전환을 항상 머릿속에 담고 업무 중에 실천하려고 부단히 노력하는 것이 중요하다. 파괴적(창조적) 혁신으로 대표되는 첨단기술들은 이제 5G 네트워크, 인공지능, 자율주행 기술들과 접목되어 기하급수적으로 발전하고 있다. 이러한 변화는 산업 영역을 가리지 않고 어느 곳에서나 일어나고 있으며 거의 모든 기업이 직면하고 있는 현실이다[그림 2-23].

한편 파괴적 혁신과 관련하여 많은 이들이 오해하고 있는 부분이 있다. 바로 파괴적 혁신은 시장에서 도전자 위치에 있는 업체들의 전유물이며, 마켓리더는 파괴적 혁신을 주도하는 것이 아니라 안정적인 발전을 위한 개선에 집중해야 한다고 생각하는 것이다. 이러한 생각의 배경에는 파괴적 혁신 자체가 시장에서 수용될 수도 수용되지 않을 수도 있는 리스크를 가지고 있는데, 마켓리더가 굳이 파괴적 혁신의 리스크를 안고 갈 필요가 없지 않느냐는 사고가 깔려 있다. 그러나 결론적으로 이런 생각은 잘못된 것이다. 예를 들어 부단한 전략 수립과 추진, 끊임없는 신규 시장 발굴을 통한 매출 신장으로 마켓리더가 되었다고 가정해보자. 그런데 마켓리더의 위치는 언제까지 유지할 수 있을까? 이제 한숨 돌릴 때라고 안심하려 할 때, 지금까지 시장에서 비주류였던 업체가 열등한 줄 알고 주의를 기울이지 않았던 기술을 들고 나와 제반 기술과 시장의 급격한 변화를 등에 업고 시장에 돌풍을 일으킬 수도 있지 않은가. 예상치 못한 파괴적 혁신으로 인해 오랜 시간 마켓리더에 오르기 위해 공들였던 탑이 한순간에 무너져버릴 수도 있는 것이다.

그렇다면 마켓리더가 된 기업은 어떻게 파괴적 혁신이라는 어마어마한 리스크를 관리하고, 파괴적 혁신이 가져올 수 있는 잠재적인 리스크에서도 지속적인 성장을 구가할 수 있을까? 방법은 한 가지뿐이다. 바로 자사가 파괴적 혁신의 주인공이 되는 것이다. 파괴적 혁신은 언젠가는 맞닥뜨려야 하는 잠재적인 위협 요소이다. 그러므로 자사는 파괴적 혁신의 피해자가 되지 말고 시장에서 주도적으로 파괴적 혁신을 일으키는 기업이 되어야 한다. 개선만으로는 파괴적 혁신을 당해낼 수 없다. 때문에 마켓리더에 선 기업일지라도 기술 개선이 아니라 기술 혁신을 주도해야 한다.

앞서 언급했듯이 많은 기업들이 기술 혁신이라는 단어를 남용한다. 기존의 기술을 개선한 것인데 혁신을 이룬 양 착각할 때가 많다. 그러나 기술 개선을 아무리 자주 수행해왔다 하더라도 파괴적 혁신이 가져올 엄청난 잠재적 위협을 막지 못한다. 이유는 전혀 다른 싸움이 이루어지기 때문이다. 거대 글로벌 호텔 체인들이 규모가 안 돼서, 또는 투자 자본이 부족해서 에어비앤비를 막지 못했겠는가? 무엇이 부족해서 못 막은 게 아니라, 지금까지 경험하지 못했던 전혀 다른 비즈니스로의 혁신이 디지털 트랜스포메이션을 통해 이루어졌기 때문에 막지 못한 것이다. 결국, 거대 글로벌 호텔 체인들이 에어비앤비를 막을 수 있는 방법은 그들이 혁신을 꾀해 먼저 에어비앤비가 되는 길뿐이었던 것이다. 먼저 에어비앤비가 되는 기회를 놓쳤다면, 이제는 회사의 사활을 걸고 제2의 파괴적 혁신을 만들어내는 길밖에는 없다.

그렇다면 기업은 어떻게 해야 기술 개선을 넘어서는 파괴적인(창조적인) 기술 혁신을 이룰 수 있을까? 이를 위해서는 기존 시장에 형성되어 있는 모든 통념(패러다임)을 부정하고 '다르게 생각하기'를 실천할 수 있어야 한다. 우버의 사례처럼 '택시 비즈니스는 당연히 택시가 있어야 할 수 있지'라는 기존의 패러다임을 부정하고 '택시가 없는데 어떻게 하면 비즈니스를 할 수 있겠는가?'라는 물음에 대한 대안을 찾기 시작하는 것이다. 그 대안을 기존의 시장에서 볼 수 없었던 '창의적인 솔루션'으로 이끌어내는 것이다. 창의적인 솔루션은 이것을 저것으로 대체하고, 이것과 저것을 결합하고, 이것과 저것을 제거하고 다른 어떤 것을 가져오는…… 다양한 시도를 통해서 찾아낼 수 있다. 이때 창의적인 솔루션이란 반드시 기존 시장에 존재하지 않는 신기술일 필요는 없다. 기존에 존재하고 있는 기술들만으로도 얼마든지 그 용도에 대한 통념을 깨고 상호 융합하거나, 분리, 제거, 용도 변경 등을 통해서 시장 파괴적인 기술 혁신을 이룰 수 있다. 핵심은 일단 무엇이 기존 시장의 패러다임인지를 찾아내는 작업을 상시 수행해야 한다는 것이다. 그리고 패러다임을 발견한 후에는 그것을 부정함으로써 창의적인 대안을 이끌어내는 작업을 부단히 수행하여야 한다.

파괴적 혁신을 이룰 수 있는 또 다른 방안으로 사내 벤처기업처럼 별도의 독립 스타트업 부서를 만드는 것도 하나의 솔루션이 될 수 있다.[12] 파괴적 혁신도 추진력과 시간과의 싸움이기 때문에 순발력 있는 조직이 필요하다. 기존에 이미 안정화되어 있는 사내 조직에서는 파괴적 혁신을 수행할 정도로 조직의 변화를 꾀하는 데 사실상 한계가 존재할 수 있다. 이런 경우에 현실적인 대안 중의 하나

12 독립 스타트업 부서에 관한 내용은 《사내기업가의 비즈니스 혁신 전략》(서리빈, 2017)의 내용을 참조해 서술하였다.

로 사내에 파괴적인 혁신을 집중적으로 추진하는 별도의 소규모 스타트업 조직을 구성하는 것이다. 아울러 해당 조직에는 반드시 업무 수행에 순발력과 추진력을 발휘할 수 있도록 기존 조직과는 다른 권한과 책임을 주고, 동기 부여를 위한 성과에 대한 보상도 기존 조직과 구별해 지급해야 한다. 실제로 스타트업 철학을 사업 전략으로 취하는 글로벌 대기업들이 오늘날 점점 늘어나고 있다. 코카콜라, 아마존, GE, 구글벤처스, 샤오미 등이 스타트업 철학을 기반으로 파괴적 혁신에 대응하고 있다. 이미 정상의 자리에 선 글로벌 대기업들조차도 파괴적 혁신에 대비하기 위해서, 자신들이 그 파괴적 혁신의 주인공이 되기 위해서 부단히 변화를 꾀하고 있는 것이다.

만일 자사 내부적인 사내 벤처기업이 제대로 운영되지 못한다면, 마지막 카드로는 외부의 파괴적 혁신 기업을 인수합병하는 방법을 쓸 수 있다. 기업 간 인수합병(Merger and Acquisitions, M&A)은 이제 흔한 일이 되었다. 구글의 경우 무수한 스타트업 기업들을 인수합병하고 있는데, 이는 해당 기업의 파괴적 혁신이 자사의 기존 비즈니스에 시너지를 발휘할 수 있다는 큰 그림(통찰력)에서 비롯되는 것이다.

끝으로, 파괴적 혁신을 이루기 위해 필요한 핵심 역량은 무엇인지 짚어보자. 지금까지 설명한 대로 우리는 다양한 방법으로 경쟁사보다 먼저 스스로 시장 내에서 파괴적 기술 혁신을 주도할 수 있다. 그러나 파괴적 기술 혁신이란 쉽게 이룰 수 있는 것이 아니다. 파괴적인 혁신을 이룩하려면 무엇보다 '기술 개발에 대한 통찰력'과 '장기적인 안목'을 지녀야 한다. 누구나 오랜 시간과 인력을 투입한다고 해서 파괴적 혁신을 이룰 수 있는 것이 아니라, 어떤 기술이 시장에서 파괴적 혁신을 일으킬 수 있을지 시장과 기술을 제대로 읽을 줄 아는 통찰력이 있어야 한다. 요컨대 파괴적 혁신을 일으킬 수 있는 기술을 개발하기 위해서는 시장 흐름과 기술 트렌드를 읽을 줄 아는 통찰력에 기반하여 중장기적인 종합 솔루션 개발 로드맵을 그릴 수 있어야 한다. 이러한 맥락에서, 기술과 시장을 동시에 다루는 기술영업인들은 파괴적 혁신을 이끄는 통찰력을 함양할 수 있는 유리한 위치에 있다. 따라서 마케팅 부서와 함께 기술영업인들도 시장의 요구 기술 트렌드 분석에서 포착한 통찰력을 기업 내부로 지속적으로 피드백하는 데 중추적인 역할을 수행해야 할 것이다.

많은 기업이 고객사가 필요로 하는 기술에 대한 대응에만 매진하는 경향이 있다. 그래야 즉각적으로 매출 신장으로 연결되기 때문이다. 기술의 개선은 매출 신장을 가져오고 경쟁에서 점진적인 우세를 점하게 해준다. 그렇기에 마켓리더를 비롯한 대부분의 기업들이 개선의 단맛을 쉽게 놓을 수 없는 것이다. 물론 개선이 나쁘다는 얘기는 아니다. 개선 역시 필요하다. 그러나 개선에만 집중하다가는 시장에 파괴적 혁신이 일어났을 때 마켓리더로서의 지위를 한순간에 박탈당할 수도 있다. 결국 밸런스가 핵심이다. 우리는 꾸준히 개선을 해나가면서 그와 동시에 한편으로는 시장 파괴자가 나오기 전에 스스로 파괴적 혁신을 주도하는 주인공이 될 수 있도록 힘써야 한다. '개선'은 단기 기술 개발 로드맵이라 볼 수 있고 '혁신'은 시장 흐름과 기술 트렌드에서 나온 통찰력에 기반을 둔 중장기 기술 개발 로드맵이라고 볼 수 있다. 기업은 안정적인 성장과 리스크 관리 차원에서 개선과 혁신, 이 2가지를 균형 있게 추진해나가야 할 것이다.

이것만 기억하자!

신규 시장 개척은 지속적인 성장을 위한 필수 조건이다.

기업이 생존하기 위해서는 신규 시장 개척을 통한 지속적 성장이 이루어져야 한다. 신규 시장 개척의 핵심은 신기술과 신시장에서 기인하는 리스크를 효과적으로 관리하는 것이다. 신기술로 기존 시장의 틈새시장을 공략하거나, 기존 기술로 신규시장을 공략하는 방식을 통해 리스크를 관리해야 한다. 아울러 급변하는 상황에 유기적으로 대처할 수 있도록 애자일(agile)한 조직을 유지해야 한다.

파괴적 혁신 출현의 리스크에 대응하는 방법은 자사가 파괴적 혁신을 주도하는 길뿐이다.

기하급수적 성장으로 시장의 급격한 태세 전환이 이루어지는 파괴적 혁신에 대응하기 위해서, 우리는 항상 기술과 시장의 변화를 관찰하고 기술 통찰력을 찾아내어 파괴적 혁신의 주역이 될 수 있도록 힘써야 한다. 이를 위해 디지털 트랜스포메이션을 활용하고 스타트업과 같은 민첩한 사내 조직 분위기를 조성해야 한다.

01

02

03

1 기술영업 실무

2 B2B 영업인의 역량

B2B 기술영업의 추진

마지막 장인 3장에서는 현장에서 기술영업을 추진할 때 필요한 업무 내용에 대해 다룬다. 효과적인 프레젠테이션 방법, 실무 수행 시 고려해야 할 몇 가지 핵심 포인트, 제품을 시장에 소개할 적시성(timing)의 문제, 자사 내부 이해관계자들과의 충돌 조율 방법 등에 대해 구체적으로 살펴보겠다. 아울러 '그럼에도 왜 기술영업이 어려운지' 짚어보고 이를 극복하기 위해 현장에서 필요한 B2B 영업인의 업무 역량은 무엇인지 정리해보겠다.

1 기술영업 실무

기술영업에서는 고객사에 자사 제품의 가치를 효과적으로 전달하는 방식으로 제품 기술 프레젠테이션을 자주 하게 된다. 때문에 B2B 기술영업사원들에게는 제품지식 못지않게 숙달된 프레젠테이션 기술이 필요한데, 이번 절에서는 프레젠테이션 문서 작성부터 효과적인 구현 방법까지 체계적으로 알아보겠다. 그리고 계약서 관련 업무, 파트너사와의 업무 협조 방법, 고객사의 특주 개발 요구사항 처리 방법 등에 대해서 설명하겠다.

1-1 효과적인 기술영업 프레젠테이션 방법

제품 기술 프레젠테이션은 기술영업의 꽃이라 할 수 있을 만큼 매우 중요한 단계다. 아무리 좋은 제품이라도 제대로 소개하지 못하면 시장에서 그 가치를 인정받지 못한다. 반면 제대로 소개한 제품은 고객의 뇌리에 그 가치가 각인되어 시장에서 입소문을 타고 하나의 패러다임으로 자리잡기도 한다. 탁월한 프레젠테이션 하면, 많은 이들이 지금은 고인이 된 애플의 스티브 잡스를 떠올린다. 군더더기 없는 간결함을 유지하면서 고객의 핵심 가치를 임팩트 있게 전달하는 잡스의 프레젠테이션은 애플 제품의 가치와 위상을 한층 돋보이게 하는 역할을 톡톡히 하였다. 필자는 잡스의 프레젠테이션을 보면서 '정말 멋진 프레젠테이션이구나' 하고 감동도 받았지만, 그보다는 '저렇게 흠잡을 데 없는 완벽한 프레젠테이션을 위해 도대체 얼마나 많은 시간과 정성을 쏟았을까?' 하는 생각이 더 크게 들었다. 고객에게 감동을 주는 완벽한 프레젠테이션을 구현하기 위해서는 그 몇 배에 달하는 시간과 노력을 투자해야 한다. 프레젠테이션은 뿌린 대로 거두는 작업이다.

B2B 기술영업인으로서 프레젠테이션 준비와 구현에 임하는 우리의 태도는 어떠한가? 늘 해오던 대로 적당히 임하고 있지는 않은가? 안타깝게도 많은 기술영업인들이 프레젠테이션 준비에 공을 들이지 않고 너무 관례적으로 임한다. 개발 부서나 마케팅 부서에서 제품 기술 사양이나 특징을 소개한 자료를 받아서 손쉽게 프레젠테이션 문서를 작성하고 심지어 그대로 쓰는 경우도 많다. 또 사전 연습도 없이 고객 앞에서 프레젠테이션을 수행하기도 한다. 이렇게 준

비한 프레젠테이션은 제품의 가치를 고객에게 효과적으로 전달하지 못하고 수주 성패에 부정적 영향을 미치게 된다. 수주는 영업의 모든 단계로부터 영향을 받아 결정되지만, 고객은 특히 프레젠테이션 단계에서 크게 영향을 받는다. 효과적인 기술 프레젠테이션은 인상적인 첫인상처럼 고객의 뇌리에 확실한 각인을 시킬 수 있으며, 이후의 모든 영업 단계에서 고객이 자사의 제품에 우호적인 자세를 견지하도록 이끌어줄 수 있다.

그렇다면 이렇게 중요한 프레젠테이션을 효과적으로 수행할 수 있는 방법은 무엇인지 구체적으로 알아보도록 하자. 프레젠테이션 문서 작성 단계에서 고려해야 할 사항과 실제 프레젠테이션 단계에서 고려해야 할 사항으로 구분해 살펴보자.

1) 기술영업 프레젠테이션 문서 작성 스킬

기술영업인으로서 필자가 수없이 많은 프레젠테이션 문서를 접하면서 느낀 점은 제품의 기술 사양 설명에 너무 많은 분량이 치중되어 있다는 점이다. 자사 제품에 무슨 기술이 적용되었고 무슨 기능이 있는지 나열하는 데 너무 많은 페이지를 할애하고 있는데, 사실 그 내용에 세심히 관심을 기울이는 고객은 찾아보기 힘들다. 그렇다면 제품 기술에 대해 나열하는 관례적 습성에서 벗어나 고객의 뇌리에 확실히 각인될 수 있는 효과적인 프레젠테이션 문서를 만들기 위해 필요한 사항은 무엇일까? 지금부터 하나하나 짚어보도록 하자.

◆ 프레젠테이션 문서의 콘텐츠를 자사가 설명하고자 하는 것이 아니라 고객사가 보고자 하는 것, 관심을 가질 만한 것 위주로 구성해야 한다. 고객사의 관심사항은 바로 고객이 느끼는 가치와 직결되어 있다. 그러므로 효과적인 제품 프레젠테이션 문서를 만들기 위해서 자사는 고객이 관심을 가질 수 있는 가치에 대한 설명에서 시작해야 한다. 예를 들어, 자사의 신제품이 기존 제품 대비 속도가 개선되었다고 가정해보자. 그러면 속도가 개선된 이유가 무엇인지 기술적 설명에 치중할 것이 아니라, 업계의 생산라인 고속화 추세를 언급하면서 생산 속도를 높인 제품이 고객사에 필요한 이유를 설득력 있게 제시해야 한다. 생산 속도를 높이는 솔루션이 고객사의 가치임을 정의하는 것이 1차 단계인 것이다. 그런 다음 고객 가치를 만족할 수 있는 자사의 신제품 솔루션을 소개하는 것이 2차 단계가 되어야 한다. 즉 고객사의 가치에서 먼저 출발하여 해당 가치를 만족시킬 수 있는 솔루션을 설명하는 식으로 전개되어야 한다.

또한 프레젠테이션 문서는 고객사 니즈와 해당 부서, 직책에 맞도록 반드시 맞춤형으로 작성해야 한다. 자사의 솔루션과 기술 소개는 고객이 받을 가치로 전환하여 전달해야 하며, 상대가 누구인지에 따라 다르게 전달해야 한다. 즉 하나의 제품을 소개하기 위해 우리가 준비해야 하는 프레젠테이션은 고객사 각 부서의 담당자별로 존재해야 한다. 예를 들어 해당 제품의 구매 검토 프로세스와 연관된 고객사 부서가 기술팀, 구매팀, 제조팀, 최종 결정권자가 있다고 하면 총 4개의 서로 다른 프레젠테이션을 준비해야 하는 것이다. 대부분의 영업사원들이 이 부분을 간과하고 상이한 부서의 담당자를 만나서 동일한 프레젠테이션으로 동일한 포인트를 강조하곤 한다. 그런데 상식적으로 생각해봐도 기술부 담당자, 구매부서 담당자, 최종 결정권자의 관심사항이 같겠는가. 영업사원은 역지사지(易地思之)의 자세로 고객의 입장에서 생각할 수 있어야 한다. 좀 귀찮고 수고스럽더라도 반드시 각 부서의 담당자별로 그에 대응하는 맞춤형 프레젠테이션을 준비하도록 하자. 한 가지 효율적인 방안은 제품 기술 프레젠테이션을 제작할 때 마스터 문서를 만든 후 각 부서의 담당자와 미팅하기 전에 그에 맞춰 문서를 수정·편집하는 것이다.

◆ 고객의 가치에서 출발하여 효과적으로 솔루션을 설명하는 단계까지 프레젠테이션 설득 로직(logic)을 완성했다면, 두 번째로 해야 할 일은 프레젠테이션 문서로 구현하기 전에 일단 전체 시나리오를 글로 작성해보는 것이다. 이 시나리오는 결국 프레젠테이션의 전체 흐름이 된다. 이를 바탕으로 목차를 빼내고 그 목차에 따라서 실제 슬라이드를 구성해나가는 것이다. 또한 시나리오는 이후 실제 프레젠테이션을 진행할 때 각 슬라이드별로 어떻게 설명할 것인지 슬라이드 노트를 작성하는 데도 참고할 수 있다.

시나리오는 훌륭한 프레젠테이션 문서를 작성하는 데 있어서 첫 단추에 해당하는 가장 중요한 단계이다. 필자는 프레젠테이션을 만들 때 절반의 시간을 시나리오 작성에 할애한다. 고객의 입장에 서서 시나리오의 로직이 극적으로 구성되어 가슴에 와닿는지, 아니면 지루한 설명문같이 들리는지 계속 확인하면서 열 번이고 스무 번이고 다듬어나간다. 설득 시나리오만 잘 완성하면 프레젠테이션 문서로 만들어내는 일은 쉽게 마무리할 수 있다. 당연한 말이지만, 시나리오를 수정하는 것이 이미 만든 프레젠테이션 슬라이드를 고치는 것보다 훨씬 수월하고 빠르다. 또한 설득 시나리오가 탄탄한 문서는 분량이 좀 많더라도 고객이 집중할 수 있어서 전달하고자 하는 내용을 효과적으로 이해시킬 수 있다.

◆ 시나리오 작성 시에는 서술식으로 길게 작성하겠지만, 실제 슬라이드 작성 시에는 글자수를 최대한 줄이고 내용을 간결하게 표현해야 한다. 많은 정보를 한꺼번에 전달하려 하지 말고 단계별로 고객의 관심도를 유도하는 방식으로 슬라이드를 제작해야 한다. 일단, 핵심이 되는 주제를 던져 고객이 좀 더 알고자 하는 흥미를 느끼게 유도한 후 세부 단계로 메시지를 전개하는 식으로 구성하는 것이 좋다. 이로써 고객의 프레젠테이션 집중도를 지속적으로 유지시킬 수 있을 뿐만 아니라 체계적인 메시지 전달로 고객의 이해도를 높일 수 있다. 너무 많은 정보를 한 페이지에 전달하려다 보면 오히려 프레젠테이션 자체에 집중하는 것을 방해하는 역효과가 날 수 있다.
한편 글자수를 줄이는 데에 초점을 두다 보면 실제로 전달하고자 하는 의미를 제대로 전하지 못하는 불상사를 야기할 수도 있는데, 이 문제는 문장 대신 이미지나 애니메이션 등을 효과적으로 활용해 극복할 수 있다. 때로는 열 마디 말보다 한 장의 이미지가 더 강렬한 메시지를 전달할 수 있다. 이때 이미지는 굳이 자신이 전달하고자 하는 내용과 직접적인 연관이 있을 필요는 없다. 고객이 이미지를 보고 무슨 의미를 전달하려는 것인지 그 의

도를 충분히 유추해낼 수 있으면 된다. 사실 이렇게 고객이 머릿속으로 유추해야 하는 기발한 이미지를 많이 사용하면 할수록 해당 슬라이드는 더욱 참신해지고, 고객의 집중력과 내용에 대한 기억력 또한 더 오래 유지시킬 수 있게 된다. 그리고 도형이나 그래프를 삽입할 때에는 색상 선정에 유의해야 한다. 모든 색상의 선택에는 항상 그 이유가 있어야 한다. 우리가 만드는 슬라이드의 목적이 무엇인가? 현란한 색상을 사용해 눈길을 끄는 것인가? 아니면, 내가 전달하고자 하는 메시지에 고객을 최대한 집중시키는 것인가? 당연히 후자이다. 그러므로 색상은 최대한 단순하면서도 세련됨을 잃지 않도록 조정해야 한다. 항상 기억해야 하는 전형적인 프레젠테이션 공식은 한 페이지에 3줄 이내의 문장과 3가지 이내의 색상을 적용하는 것이다.

2) 프레젠테이션 발표 스킬

효과적인 프레젠테이션 구현의 핵심 포인트는 사전 연습이다. 프레젠테이션을 하나의 연극이라고 생각하라. 관객들 앞에서 라이브 공연을 하려면 시나리오를 이해하고, 대사를 모두 외우고, 어떠한 표정을 짓고 몸짓을 취할지 완벽하게 준비해야 한다. 프레젠테이션도 마찬가지다. 고객 앞에 서기 전에 완벽한 준비가 필요하다. 문서의 모든 페이지의 순서와 프레젠테이션의 흐름을 인지하고, 각 페이지에서 어떠한 설명을 할 것인지 준비해두어야 한다. 고객에게 전달할 내용을 암기해두지 않으면 노련하게 발표를 마무리하기 힘들다. 고객에게 강렬한 인상을 줄 수 있는 프레젠테이션을 구현하려면, 수고스럽더라도 발표를 위해 준비한 전체 시나리오의 내용을 암기하고 해당 내용을 자연스럽게 전달할 수 있을 때까지 부단히 연습해야 한다.

시간 분배 문제도 사전 연습이 필요하다. 예정된 시간 내에 발표를 끝마치는 모습을 통해 고객에게 프로페셔널한 인상을 줄 수 있다. 제한된 시간을 넘기면 발표자도 초조해지고 고객의 집중도도 떨어질 수 있다. 물론, 발표 내용에 대하여 고객의 관심도가 유지된다면 참석자들에게 양해를 구한 후 시간에 구애받지 않고 진행할 수도 있다.

내용의 강약을 조절하면서 효과적으로 전달하는 연습도 필요하다. 프레젠테이션에서 다루는 기술 내용은 발표자를 포함해 자사 구성원에게는 익숙한 내용이지만 고객에게는 그렇지 않다. 이 점을 항상 인지하고 되도록 쉬운 표현으로 간결하게 내용을 전달하되 고객이 꼭 기억해줬으면 하는 내용은 임팩트 있게 강조해 전달해야 한다. 목소리의 톤과 억양을 구분해 강하게 표현하거나, 재밌는 삽화나 시선을 사로잡을 수 있는 이미지 등을 삽입해 고객의 뇌리에 기억될 수 있도록 전달한다.

한편, 외국 고객사에 프레젠테이션을 진행할 때는 해당 나라의 언어로 진행하는 것이 좋다. 그것이 불가하다면 최소한 영어로라도 진행을 해야 한다. B2B 기술영업 제품을 소개하는 데 통역을 통해 전달한다면 기술 설명 내용을 제대로 전하기 어렵다. 때문에 외국 고객사를 대상으로 프레젠테이션을 할 때는 언어 면에서 철저히 준비하고 내용을 완벽히 암기할 수 있도록 더욱 힘써야 한다.

1-2 계약서 처리 관련 업무

B2B 영업은 업체 간의 거래 계약을 하는 것이므로 상호 계약서를 주고받아야 하는 상황이 발생한다. 계약서는 고객사와 자사 간에도 작성하지만 경우에 따라서는 파트너사나 자사의 납품 업체와도 작성해야 하므로 각각의 계약서 양식과 관련 내용들을 사전에 숙지해두어야 한다. 특히 글로벌 고객사나 외국 파트너사 등과 국제 계약서를 작성할 때는 더욱 주의가 필요하다.

국제 계약에서는 반드시 포함되어야 하는 내용들이 통상적으로 정형화되어 있다. 또한 글로벌 고객사와 체결하는 계약서에는 해당 고객사의 전 세계 공장에 공급된다는 점을 고려하여 지역별 구매 조건이나 서비스 협약 등에 대한 조항이 담겨야 하며, 고객사가 특정 국가일 경우에는 주권 면제 조항도 포함되어야 한다. 해당 항목들을 정리해보면 다음과 같다.

- 계약 효력 범위 (scope of agreement)
- 납품 가격 (price information)
- 납품 제품 사양 정보 (scope of delivery)
- 관세 포함 운송 조건 (shipment term)
- 대금 지불 조건 (payment term)
- 검수 조건 (acceptance condition)
- 보증 기간 (warranty term)
- 사후 서비스 관련 (service support condition)
- 계약 해지 관련 조항 (termination term)

- 손해 배상 조항 (contract remedies)
- 불가항력 책임면제 조항 (force majeure)
- 분쟁 중재 방법 (dispute resolution)
- 준거법 (governing law)
- 기밀유지 협약 (Non Disclosure Agreement, NDA)
- 조항, 권리 불포기 조항 (non-waiver)
- 주권 면제 조항 (sovereign immunity)

계약서에 서명하기 전에 관련 내용에 대해서는 한 문장, 한 문장 매우 신중하게 검토해야 한다. 계약서 내용 중에 한 가지만이라도 위반되는 소지가 있다면, 그것은 곧 계약 위반이 된 것이고 이를 사유로 대금 지불을 유예할 수 있기 때문이다. 특히 검수 조건에 대해서는 고객사와 사전에 명확하게 정리해둘 필요가 있다. 이를 명확하게 해두지 않아서 대금 지불에 차질이 생기고 장기 미수금이 발생하거나 고객사와 갈등을 빚는 경우가 종종 발생한다.

국제 계약에 포함되어야 할 조항 중에서 특히 중요하게 검토해야 하는 것이 준거법 관련 조항이다. 이는 자사와 고객사 사이에 분쟁이 발생했을 때 해결을 위한 소송이나 중재 시 어느 국가의 법률을 따를 것인지에 대한 조항이다. 이 준거법 조항을 제대로 검토하지 않고 상대방이 제시한 대로 동의한 경우 나중에 매우 불리한 상황에 처할 수 있으므로 특별히 주의해야 한다. 참고로, 국제법은 크게 대륙법(성문법)과 영미법(관습법)으로 나뉘는데 만일 계약서에 이 부분을 언급하지 않았다면 통상 관례 위주인 영미법을 따르게 된다. 우리나라의 경우 기본적으로는 대륙법(성문법)을 따르므로 만일 계약서의 준거법 조항으로 제3국가의 법을 따라야 한다면 독일, 프랑스와 같은 대륙법을 따르는 제3국가를 선택하는 것이 유리하다. 반면, 미국과 영국을 비롯하여 영연방 국가인 캐나다, 호주, 뉴질랜드, 그리고 과거 영국의 식민 통치를 받았던 인도, 홍콩, 싱가포르 등은 판례 위주의 영미법(관습법)을 따르므로 제3국가를 선택할 시에는 해당 국가가 어떠한 법률 체계를 따르는지도 확인해야 한다.

고객사와 거래 계약서 체결 시에는 일반적으로 고객사에서 먼저 거래 계약서를 작성하여 제공하게 된다. 그럴 경우 자사에서는 반드시 법률적인 검토를 거쳐서 자사에 불리한 부분이 있는지를 확인한 후 고객사에 피드백을 주고, 수정 가능성에 대해서 협상을 진행하여야 한다. 거래는 주고받는 것이므로 상호 이익을 전제로 하고 최대한 공정한 거래를 할 수 있도록 협상을 이어나가야 한다. 계약서의 모든 항목에 합의하고 협상이 마무리되면 계약서 2부에 양 사가 모두 서명한 후 1부씩 보관한다.

1-3 고객사 요구사항 대처 방법

B2B 영업에서는 고객사의 요구에 맞추어 자사 제품을 변형하거나 추가 개발을 해서 납품을 하는 경우도 있다. 이를 소위 특주 사양(customization)이라고 한다. 특주 사양은 동전의 양면과 같은 특성을 지닌다. 고객사가 요구하는 대로 특주 개발을 진행해 납품하면 자사에는 추가 비용과 리소스 투입이 발생하게 된다. 반면 특주 개발한 제품은 일반적으로 경쟁에서 좀 더 자유로워지는데, 그 이유

는 경쟁사 역시 해당 고객사에 진입하려면 특주 개발 대응을 거쳐야 하기 때문이다. 이처럼 특주 사양은 자사에는 비용 측면에서 부담으로 작용하지만, 경쟁 관계에서는 시장 진입장벽의 효과를 내기도 한다.

고객사의 특주 요구사항은 B2B 기술영업에서 자주 맞닥뜨리게 되는 중요한 업무 중 하나다. 동전의 양면과 같은 고객사의 특주 요구사항에 효과적으로 대응하는 방법은 무엇일지 정리해보자.

◆ **구매 퍼텐셜**(sales potential) 검토: 특주 요구사항에 대응할 것인지 말 것인지를 결정하기 위해서는 영업 상황을 면밀히 분석해야 한다. '고객의 구매 수량은 얼마나 될 것이며, 이후로 예상되는 추가 구매 퍼텐셜은 얼마나 될 것인가?'를 파악하는 것이 가장 중요한 포인트이다. 이를 통해서 특주 개발 대응 비용을 뽑아낼 수 있는지, 아니면 본 거래에서 이익보다는 손실이 날 것인지가 판가름나기 때문이다.

◆ **보편적 사용 가능성**(standardization) 검토: 특주 요구사항의 기능이 이후에 자사의 제품 개발 로드맵에 도움이 되고 다른 고객사에도 널리 사용할 수 있는 보편적인 가치를 지닌 기술인지, 아니면 해당 고객사에만 사용되고 결국 사장될 기술인지를 따져봐야 한다. 이는 기술 가치의 문제로, 고객사 퍼텐셜이 작을 경우에도 이러한 가치를 따져 자사에 도움이 되는 개발 건인지를 판단해야 한다.

◆ **고객사 거래 영향력**(market influencer) 검토: 구매 이득도 나지 않고 보편적인 기술로의 발전 가능성도 없을 때는 최종적으로 해당 고객사와의 거래에 대한 가치를 놓고 최후 판단을 해야 한다. 만일 해당 고객사가 자사의 VIP 고객사이거나 신규 시장에서 볼링앨리 전략을 수행하는 데 있어서 헤드핀 같은 존재라면, 손해를 보고서라도 특주 사양 개발에 대응해줄 가치가 있다.

이처럼 논리적인 사고를 통해서 다각도로 검토해보고 고객사의 특주 요구사항에 어떻게 대응할 것인지를 판단해야 한다. 그러지 않고 주먹구구로 특주 대응을 결정하거나 추진한다면, 결국 사내 이해관계자들의 동의를 얻어내지 못해 영업 추진 시 불필요한 내부 반발에 직면할 수 있다.

한편, 고객사 영업을 진행하다 보면 특주 개발 요구사항 말고도 다양한 무상 제공 요구에 직면하게 된다. 통상 FOC(Free Of Charge)라고 하는 이 무상 제공 요구에는 어떻게 대응해야 할까? 고객과 대면 시 B2B 영업 담당자는 직위를 막론하고 자사를 대표하는 위치에 서게 된다. 그렇기에 책임도 져야 하지만 일정 부분 권한도 지니는데, 그 권한 중에는 (회사에 따라 다르겠지만) 고객과 협상 도중 특정 아이템에 대한 무상 제공 서비스 등을 결정할 수 있는 권한도 포함된다. 결국 고객과의 협상을 노련하게 이끌어가는 것이 관건인데, 이때 고객에게 주는 모든 것은 절대로 그냥 주어서는 안 되고 무언가를 받는 조건이 담보되어야 한다. 주고받는 것이지, 일방적으로 주기만 하면 안 되는 것이다. 예를 들어 고객이 특정 스페어파트를 무상으로 제공해달라고 요구했다면, 특정 금액만큼 스페어파트를 추가 구매하면 해당 스페어파트를 무상 제공하는 조건으로 협상을 진행해볼 수 있다. 그리고 추가 제품 구매건을 진행할 때 해당 구매건과 결부시켜서 가격 협상의 배트나로서 해당 스페어파트를 무상으로 제공하는 안을 제시할 수도 있을 것이다.

1-4 파트너사 협력 방법

B2B 기술영업을 진행할 때 대리점이나 판매점과 같은 파트너사와는 어떻게 협업을 하는 것이 좋을까? 이에 대한 답을 구하기 위해 먼저 자사와 파트너사를 하나의 회사로 전제하는 것이 좋다. 협상 테이블에서는 쌍방의 관계에 놓일 수 있지만, 경쟁사를 제치고 수주를 위해 영업을 한다는 점에서는 단일 회사라는 관점으로 바라볼 수 있기 때문이다. 단일 회사라는 관점으로 본다면, 파트너사와의 협력에서 가장 중요한 것은 바로 '시너지(synergy)를 극대화'하는 것이다. 만약 파트너사가 하고 있는 업무를 자사가 수행하고 있다면 이는 한 회사에서 업무를 중복 처리하는 것과 같기 때문에 효율성 저하로 이어지고 경쟁사 대비 경쟁력 저하를 낳게 된다.

파트너사와의 협업에서 시너지를 극대화하려면 먼저 파트너사의 특성과 그들의 역량을 면밀히 분석해야 한다. 그런 다음 서로 역량이 부족한 부분을 보충해주는 방향으로 협업을 해나가야 한다. 예를 들면, 파트너사의 영업사원들은 대부분 현지 고객사와 막강한 인맥을 형성하고 있다. 따라서 현지 언어나 풍습에 미숙한 자사의 영업사원들은 파트너사 직원들의 도움을 받아 현지 고객사와 접축하고 친밀한 관계를 맺을 수 있다. 반면, 파트너사 영업사원들은 제품의 기술과 가치를 고객에게 전달하는 데 상대적으로 취약할 수 있는데 이 부분에서는 자사의 직원들이 도움을 줄 수 있다. 또 다른 예로, 다국적 대기업 고객사들은 대개 여러 지역에 공장을 보유하고 있어서 다국가에 걸쳐 인맥을 형성해야만 영업활동을 원활히 할 수 있다. 그런데 통상 파트너사의 영업사원들은 자신이 속해 있는 특정 국가의 고객사에만 한정해 인맥이 형성되어 있기 때문에 이런 경우에는 자사의 영업사원들이 파트너사의 영업사원들을 대신해서 다른 국가의 고객사와 인맥을 형성해 도움을 줄 수 있다. 이로써 파트너사 홀로 할 수 없는 로컬 고객사 인맥 형성과 기술 가치 설득 작업을 순조롭게 수행할 수 있고, 다국가에 걸쳐 있는 글로벌 고객사에 대한 영업활동도 제대로 수행할 수 있다. [그림 3-1]은 자사와 파트너사 사이의 이러한 협업 관계를 정리한 것이다. 협업 관계의 결과는 곧 시너지 효과로 나타나며, 이는 시너지 효과를 창출하지 못하는 경쟁사와의 경쟁에서 수주 승률을 올리게 해준다.

한편, 파트너사뿐만이 아니라 자사 내부에서 본사와 지사 영업사원들의 업무에서도 중복 업무에 대한 검토가 필요하다. 회사의 규모가 커지면 현지 법인을 두게 되고, 현지 법인에서 직접 독립적인 영업부를 운영하면서 현지 영업을 진행하게 된다. 그런데 이렇게 되면 기존까지 현지 영업을 수행해왔던 본사 영업부는 무슨 일을 해야 하는 것일까? 기존과 동일하게 현지 고객사를 방문하고 영업활동을 수행한다면, 결국 현지 법인의 영업사원들과 업무 중복이 발생하게 될 것이다. 그리고 이는 전사적인 영업 비용 증가와 영업 투입 비용 대비 효용성 저하로 이어질 것이다.

자사와 파트너사의 강점만 조합, 나머지는 업무 최소화
⇒ 최소 비용으로 시너지 창출이 협업의 핵심

자사 역량					
필요 업무	(약) 스케일 (강)				
기술 설득				4 →	
고객 본사 영업				4 →	
고객 로컬 영업	←	←	3		
로컬 서비스 대응	←	←	3		
개발 요구 대응			3		
마케팅 홍보				4 →	

파트너사 역량					
필요 업무	(약) 스케일 (강)				
기술 설득	1				
고객 본사 영업	←	2			
고객 로컬 영업					5
로컬 서비스 대응				4 →	
개발 요구 대응	1				
마케팅 홍보	←	2			

경쟁사 역량					
필요 업무	(약) 스케일 (강)				
기술 설득				4	
고객 본사 영업				4	
고객 로컬 영업			3		
로컬 서비스 대응			3		
개발 요구 대응			3		
마케팅 홍보				4	

4 + 4 + 5 + 4 + 3 + 4 =
총 **24**의 역량으로 대응 가능

>

4 + 4 + 3 + 3 + 3 + 4 =
총 **21**의 역량으로 대응 가능

[그림 3-1] 자사와 파트너사 협업의 시너지 효과

현지 법인 영업 지원 및 조율 업무에 집중

본사 영업부 업무					
필요 업무	(약) 스케일 (강)				
현지 기술영업	←	2			
로컬 인맥 확대	←	2			
기술 정보 업데이트			3 →	→	→
법인간 영업 조율					5
글로벌 고객사 영업 총괄			3 →	→	→
글로벌 고객사 가격 관리				4 →	→
기술 소개 문서 작성				4 →	→
영업 시스템 구축				4 →	→

현지 기술영업 및 인맥 확충 업무에 집중

현지 법인 영업부 업무					
필요 업무	(약) 스케일 (강)				
현지 기술영업				4 →	→
로컬 인맥 확대				4 →	→
기술 정보 업데이트	←	←	3		
법인간 영업 조율	←	←	3		
글로벌 고객사 영업 총괄	←	2			
글로벌 고객사 가격 관리	←	←	3		
기술 소개 문서 작성	←	2			
영업 시스템 구축	1				

[그림 3-2] 자사 내부에서 본사 영업과 현지 법인 영업 간의 협업

이 문제의 해결책 역시 앞서 자사와 파트너사의 협업 관계와 동일한 관점에서 찾을 수 있다. 일단, 현지 법인 영업부의 업무를 정확히 분석해야 한다. [그림 3-2]에서 볼 수 있듯이 통상 현지 법인 영업부는 (파트너사와 마찬가지로) 고객사 인맥 확대를 통한 현지 영업에 업무의 중점을 두고 있다. 그러므로 시너지를 내기 위해 본사 영업부가 할 일은 현지 영업부가 제대로 수행하기 어려운 최신 기술에 대한 정보 공유, 기술 프레젠테이션 개발, 글로벌 판매 전략 수립, 현지 법인 간 영업 조율, 글로벌 고객사 영업 총괄, 글로벌 판매가격 관리, 영업 시스템 구축 및 전파 등의 업무를 중점적으로 수행하는 것이다. 이로써 본사 영업부와 현지 영업부가 중복 없는 업무 분장을 통해 상호 업무에서 시너지 효과를 거둘 수 있다.

1-5 제품 출시 시기 결정

제품 출시 시기(time to market)를 판단하는 것은 매우 중요한 사안이다. 통상 마케팅 부서에서 해당 사안을 관장하지만, 고객과의 접점에 있는 영업부에도 중요한 사안이 아닐 수 없다. 신제품을 고객에게 언제 소개하는지가 중요한 이유는 개발을 완료하고 테스트까지 완벽하게 마친 후 '짠!' 하고 내놓으려고 했는데, 그전에 경쟁사가 먼저 선수를 쳐서 출시해버릴 수도 있기 때문이다. 즉 아무리 시간을 두고서 완벽한 제품을 만들어 출시한다고 한들, 고객이 경쟁사의 제품을 먼저 도입해버린다면 시장을 경쟁사에 선점당하게 되고 자사는 소위 뒷북치는 꼴이 되고 만다. 반대로, 제품 개발 후 제대로 테스트를 진행하지 않은 상태에서 자사의 우선적인 시장 선점을 위해 섣불리 대대적으로 홍보를 하고 판매 활동을 했다가 품질 이슈가 터질 수 있으며, 그 과정에서 고객사의 신뢰만 떨어뜨리는 결과를 초래할 수도 있다. 소위 '설익은 밥'을 고객사에 소개하는 꼴이 되는 것이다.

그렇다면 B2B 기술영업을 담당하는 우리는 과연 이 2가지 상황에서 어떻게 대처해야 할까? 이에 대한 답은 고객의 구매 사이클과 자사의 품질관리 시스템에서 찾을 수 있다. 일반적으로 특정 산업 내 고객은 일정한 주기로 제품 구매를 진행한다. 이처럼 고객의 구매 사이클이 생기는 이유는, 고객사의 최종 소비자인 B2C 업계가 소비 시즌을 타기 때문이다. 예를 들어 게임기 시장의 B2C 소비 시즌이 연말 성탄절 시즌이라면, 게임기를 생산하는 고객사는 생산 규모(capacity)를 늘려서 해당 시즌에 제대로 판매를 하기 위해 그 이전 특정 시점까지 필요한 장비를 구매 완료하고 시생산에 돌입해야 한다. 이것이 게임기와 관련된 B2B 고객사의 구매 사이클인 것이다. 그리고 만일 자사가 게임기 생산에 필요한 장비를 제조·납품하고 있는 업체라면, 생산 업체인 고객사가 장비를 구매 완료해야 하는 시점을 고려해서 장비를 출시해야 할 것이다. 그런데 이 시점이 공교롭게도, 자사 장비에 대한 테스트를 완벽하게 마무리하지 못한 베타 테스트 시점일 수도 있다. 이 시점을 지나치면 개발을 완료해도 판매 시점을 놓치게 될 수 있는데, 이런 경우에는 자사의 품질관리 시스템의 신뢰성에 대해 신중히 판단해야 한다. 만일 자사가 체계적인 품질관리 시스템을 유지하고 있다면, 베타 테스트 기간일지라도 고객사에 대대적으로 소개할 수 있을 것이다. 나중에 혹시 품질 이슈가 불거진다 해도 체계적인 품질관리를 해왔기 때문에 치명적인 품질 이슈는 없을 것이며 해결 가능한 범위일 것이다. 그러나 체계적인 품질관리를 해오지 않았다면, 설령 베타 테스트 중이고 고객사 구매 사이클이 임박했다 하더라도 결코 모험을 해서는 안 된다. 품질 이슈가 발생해 장비를 반품해야 할 수 있고 손해배상 문제로 확대되어 치명적인 손실을 입을 수도 있기 때문이다.

결국, 제품 출시 시기를 결정하는 데 있어서 핵심은 '체계적인 품질관리를 하고 있느냐 없느냐' 여부이다. 체계적인 품질관리에 자신이 있다면 고객사 반품이나 손해배상에 대한 리스크에서 비교적 자유로울 수 있다. 시장 사이클에 따라 적절한 시점에 제품을 출시할 수 있고, 경쟁사의 홍보 시점을 노려서 자사가 먼저 선수를 칠 수도 있다. 한편, 부득이한 내부 사정으로 제품 출시 시기를 놓쳐 고객사가 경쟁사 제품으로 넘어갈 수도 있다. 이러한 위기에 처했을 때는 제품 기술 로드맵과 사전 예상 기술 사양 자료를 가지고서 홍보 활동을 선행적으로 수행해 경쟁사를 최대한 방어하면서 갭 메우기 작업을 수행해야 할 것이다.

1-6 내부 이해관계자 처리: 어떻게 사일로를 허물 것인가?

기술영업 활동을 하다 보면 고객사로부터 특주 개발 요청을 받기도 하고 표준보다 더 빠른 납기 요구를 받기도 한다. 이러한 고객사의 요구를 처리하기 위해서는 자사 내부 부서와의 긴밀한 업무 협조가 필요한데, 이때 사일로라고 하는 부서 간의 이기주의로 인해 업무 협조가 원활히 이루어지지 않을 수 있다. 사일로(silo)란 곡식 저장고를 뜻하는 용어로, 여기서는 부서별로 스스로 담을 쌓고 자기 부서의 이익에 직결되지 않는 한 사내 다른 부서와의 업무 협조에 매우 피동적으로 임하는 상태를 일컫는다. 한 회사에 다니면서도 마치 타 업체와 일을 하는 것과 같은 현상이 발생하는 것인데, 심한 경우 회사의 존망이 달려 있는 이슈가 발생한 상태에서도 해결은 뒷전이고 부서 간 잘잘못 가리기에 급급한 상황이 나타나기도 한다.

사일로 현상은 회사의 규모가 커지면서 필연적으로 나타나게 된다. 사일로 현상이 야기하는 문제점은 사내의 창의적이고 혁신적인 아이디어를 가로막고 부서 간 융합으로 발현되는 시너지 생성을 저해한다는 것이다. 그 결과 회사의 경쟁력이 약해지게 되는데, 더 심각한 것은 이러한 현상이 구조적인 문제라서 그것을 인지하고 있더라도 구조 개혁을 이루지 못해 해결하지 못한다는 것이다. 1980년대 혁신의 아이콘인 워크맨으로 고속성장을 이루고 전자산업 분야를 이끌었던 소니(Sony)가 쇠퇴의 길을 걷게 된 것도 사일로 현상에 기인한다.[1] 반면, 페이스북은 이러한 사일로 현상을 방지하기 위해

1 《사일로 이펙트(The Silo Effect)》(질리언 테트 지음, 신예경 옮김, 2016)에서 저자는 소니가 "35개의 전자기기에 35종류의 배터리 충전기가 필요"한 상황으로 대표되는 전형적인 사일로 현상으로 쇠퇴의 길을 걷게 되었다고 서술하였다.

초창기부터 주기적으로 해커톤(hackathon)[2] 대회 등을 열어 부서 간 상호 협력과 융합을 자연스럽게 이끌어내고 있다. 두 회사의 상반된 사례는 내로라하는 대기업조차도 사일로 현상을 해결하는 것이 얼마나 절실한 일인지를 다시 한 번 깨닫게 해준다.

그렇다면 어떻게 해야 사일로를 넘어서서 사내 이해관계자들의 협력을 이끌어내고 기술영업을 성공적으로 마무리할 수 있을까? 사내 이해관계자들에게 업무 협조를 구할 수 있는 효과적인 방법은 무엇일까? 먼저, 기술영업 담당자들의 기본 자세가 중요하다. 사내 이해관계자들도 결국 우리가 설득해야 하는 내부 고객이다. 그러므로 (앞서 장황하게 설명했던) 고객과의 협상에 대한 스킬을 구사하면서 설득 작업을 해야 한다. 협상은 일방적으로 어느 한쪽이 손해 보는 것이 아니다. 그러므로 사내 이해관계자들이 서로 무엇을 얻어야 하고 무엇을 도와주어야 하는지, 그리고 그 도움을 다시 어느 부서에서 받을 것인지, 그 부서에는 또 무엇을 도와주어야 하는지 이해관계자들과 끊임없이 협상을 수행해야 한다. 이로써 우리는 사일로의 벽을 넘어서서 매출 달성이라는 전사적인 목표에 한발 더 다가갈 수 있다.

---

2 해커톤은 해킹(hacking)과 마라톤(marathon)의 합성어로 마라톤처럼 일정한 시간과 장소에서 프로그램을 해킹하거나 개발하는 행사를 일컫는다. 여기서 해킹은 일반적으로 사람들이 생각하는 '불법적으로 컴퓨터를 공격한다'는 의미가 아니라, 프로그래머들 사이에서 통용되는 '난이도 높은 프로그래밍'을 한다는 의미이다. 페이스북은 조직의 사일로 현상을 방지하고 지속적인 발전의 원동력으로 삼기 위해 해커톤 대회를 주기적으로 실시하는 것으로 유명하다. 이때는 개발자와 디자이너는 물론이고 모든 부서의 구성원들이 밤새 음식을 나누며 아이디어를 도출하고 구현해내는 활동을 한다고 한다.

내부 이해관계자들과 협상을 할 때 한 가지 더 명심해야 할 것이 있다. 협상 스킬도 중요하지만, 결국 모든 협상과 업무를 중재하는 중심에 서 있는 담당자로서 모든 업무와 이해관계를 상호 조율하고 중재한다는 중재자의 관점을 지녀야 한다는 점이다. 중재자로서 기술영업 담당자의 신뢰성이 무너질 수 있는 경우는 고객사의 요구를 그대로 유관 부서 담당자들에게 전달하는 메신저 입장을 취할 때다. 게다가 고객을 등에 업고 내부 이해관계자들에게 간접적인 압박을 하는 상황으로 흘러가게 되면 중재자로서의 역할은 사라지고, 오히려 내부 이해관계자들의 방어 본능을 자극시켜 본의 아니게 사일로 현상을 심화시킬 수 있다.

고객사에서 '고성능이면서 가격이 더 저렴한 장비'를 요구했다고 가정해보자. 이러한 상황에서 기술영업사원이 고객사의 요구를 그대로 사내 유관 부서에 전달해 '더 높은 성능에 더 낮은 원가로 제품을 만들어달라'고 한다면 이는 중재자 역할을 하는 것이 아니다. 제대로 된 중재자 역할을 하려면 사내 개발 역량을 충분히 인지한 상태에서 해당 고객사와 협상을 통해 적절한 수준의 요구사항으로 조정한 후, 이러한 배경을 사내 이해관계자들에게 상세히 설명하고 협조를 구해야 한다. 이렇게 하면 모든 관계 부서가 기술영업사원이 사내 이해관계자들을 고려해 영업 일선에서 고객과 최대한 협상을 벌인 후 그 결과물을 가지고서 협조를 구하는 것임을 인지하고 상당 부분 열린 마음으로 협조하게 될 수 있다. 다시 한 번 강조하지만 절대로 고객사의 요구를 유관 부서에 그대로 전달하는 고객사 메신저의 입장을 취해서는 안 된다. 이는 사일로 현상을 심화시키는 동시에 기술영업사원의 격을 떨어뜨리는 행위다. 기술영업사원은 매출 달성을 위해서 사내 전체를 움직이는 지휘자임을 명심하자.

끝으로 덧붙이면, 내부 이해관계자들과 갈등을 중재하고 협상하는 영업사원의 스킬도 필요하지만 이와 더불어 내부 구성원들을 이끌고 움직이게 하는 동력이 될 수 있는 '업무 프로세스'를 체계적으로 정립하는 작업도 회사 차원에서 필요하다. 업무 프로세스는 일종의 규범과도 같은 효과를 지닌다. 우리 사회는 굳이 누가 뭐라고 하지 않더라도 보이지 않는 규범에 따라 움직인다. 마찬가지로 회사에서도 규범과 같은 역할을 하는 프로세스가 존재해야만 구성원들 간에 상호 자율적인 업무 협조가 이루어질 수 있다. 다만, 업무 프로세스가 정립되어 있다 하더라도 갈등은 수시로 발생할 수 있으며 이러한 경우에 내부 이해관계자들 간에 원활한 업무 협조를 이끌어낼 수 있는 협상과 중재 스킬이 꼭 필요한 것이다.

이것만 기억하자!

효과적인 기술영업 프레젠테이션은 고객의 가치를 담은 설득 시나리오 작성에서부터 시작한다.

프레젠테이션 문서에는 우리가 고객에게 전달하고자 하는 내용을 담으려 하지 말고, 고객이 관심을 가지는 내용에서 출발하여 자사의 제품과 고객의 가치를 연결해주어야 한다. 그리고 최종 슬라이드를 작성하기 전에 탄탄한 설득 시나리오를 먼저 완성해야 한다.

기술영업 프레젠테이션은 부단한 사전 연습의 산물이다.

고객 앞에 서기 전에 프레젠테이션의 내용을 모두 암기한 후 시간과 내용의 강약을 조절하면서 임팩트 있게 전달할 수 있도록 부단히 연습해야 한다.

계약서 처리의 핵심 사항은 명확한 검수 조건과 분쟁 발생 시의 준거법 관련 조항이다.

계약서 작성 시에는 대금 지불에 차질이 발생하지 않도록 사전에 검수 항목에 대해서 고객과 합의한 내용을 계약서에 명확히 명시해야 한다. 특히 분쟁 발생 시 적용할 준거법에 대해서도 불리한 상황에 처하지 않도록 사전에 협의 및 수정이 필요하다.

고객 특주 요구사항에는 가치 판단 근거에 따라 대응해야 한다.

고객의 구매 퍼텐셜, 해당 기능의 보편적 사용 가능성, 해당 고객사의 영향력 등 다양한 가치를 종합적으로 고려하여 고객의 특주 요구사항에 대응해야 한다.

파트너사와 자사, 자사 본사-지사 간 협력에서 핵심은 상호 시너지를 만드는 시스템 구축이다.

파트너사를 자사와 동일 기업으로 간주하여 상호 우위를 지니는 역량에 집중하도록 업무를 분배하고, 양 사의 역량 조합이 경쟁사 대비 비교우위를 지니게 만드는 것이 협력의 핵심이다. 자사 내부의 본사와 지사 간 업무 조정에서도 마찬가지다.

● 제품 출시 시기(time to market) 결정의 핵심은 고객사의 비즈니스 사이클과 자사 품질관리 시스템의 수준에 있다.

제품은 고객의 비즈니스 사이클에 맞추어 최대한 적시에 출시해야 한다. 따라서 자사 품질관리 시스템에 대한 신뢰가 있다면, 제품에 대한 테스트를 완벽하게 마무리하지 못한 시점일지라도 제품을 출시할 수 있다. 그러나 체계적인 품질관리 시스템에 대한 신뢰가 없다면, 추후에 큰 리스크에 직면할 수 있으므로 제품 출시를 감행해서는 안 된다.

● 기술영업인은 노련한 협상으로 고객 설득을 통해 요구사항의 1차 정제를 수행한 후, 입무 중재자의 관점에서 내부 이해관계를 조성해나가야 한다.

기술영업인은 고객의 무리한 요구사항을 그대로 내부에 전달하는 메신저가 아니라 주도적 협상가의 역할을 수행해야 한다. 고객의 요구사항을 정리해 자사 내부에 전달하되, 전체 이해관계 부서를 조율하는 중재자의 관점에서 상호 협력을 이끌어낼 수 있어야 한다.

2 B2B 영업인의 역량

지금까지 B2B 기술영업에 필요한 여러 가지 업무 지식과 스킬에 대해서 살펴보았다. 소개한 내용들은 필자가 오랜 기간 현장에서 직접 체험하고 깊게 깨달은 것으로 동료와 후배들에게 자신 있게 권할 수 있다. 그럼에도 불구하고, 현장에서 기술영업을 제대로 수행하기란 쉽지 않다. 앞에 소개한 내용들이 B2B 기술영업을 하기 위해서 갖춰야 할 뼈대와 같은 업무 역량이라면, 현장에서 노련하게 기술영업을 수행하기 위해서는 이에 더해 상황에 따라 추가적인 역량이 필요하다.

2-1 장기 레이스를 뛰는 멀티플레이어가 돼라

B2B 기술영업을 효과적으로 수행하기 위해서는 다양한 역량을 지녀야 한다. 글을 처음 시작할 때 프롤로그에 'Jack of all trade'라는 표현을 소개하며 기술영업사원은 멀티플레이어의 역할을 해야 한다는 점을 언급했다. 전문가 수준으로 기술 상담을 할 줄 알아야 하고, 인맥을 제대로 관리하여 영업에 활용할 줄도 알아야 한다. 또 노련한 협상 스킬을 지녀야 하고, 이슈 발생 시 신속히 핵심을 파악해 문제를 풀어갈 수 있는 논리성과 문제해결능력도 갖춰야 한다. 더불어 글로벌 고객사와의 거래를 위해 외국어 능력도 필요하다. 이렇듯 다

재다능한 역량을 필요로 하기 때문에 누구도 선뜻 자신의 업무 능력을 과신할 수 없고, 현장에서 매번 프로젝트를 진행할 때마다 이런저런 난관에 부딪치며 자신의 부족함을 느낄 수밖에 없다. 때문에 우리는 단시간에 B2B 기술영업의 세계에서 멀티플레이어가 되기를 바라기보다는 장기 레이스를 뛰는 선수로서 조금씩 천천히, 그리고 꾸준히 성장의 길을 걸어나가야 한다.

그렇다면 부족한 업무 역량을 키우기 위해 구체적으로 우리가 실천할 수 있는 방법에는 어떤 것이 있을까? 먼저, 부단한 학습이 필요하다. 배움의 길에 끝이란 없다. 진정으로 아는 사람은 자신이 모르는 것이 많다는 것을 알고 있는 사람이라고 하지 않는가. 이를 기술영업에 빗대어 생각해보자. 기술에 대해 전문적인 지식을 많이 보유한 사람이라면 마음 한편에 기술영업인으로서 자부심이 자리하고 있을 것이다. 또 고객 인맥이 탄탄한 사람이라면 영업 전문가로서 자부심을 지니고 있을 것이다. 물론 이러한 자기 확신은 업무 수행에 긍정적 요소로 작용하고 추진력을 더해줄 수 있다는 면에서 영업사원에게 필요한 자질이다. 그러나 이와 동시에 우리에게는 자신의 능력을 되돌아볼 줄 아는 자질도 필요하다. 기술에 대한 전문지식은 많지만 고객과의 협상을 노련하게 이끌 수 있는 능력이 부족한 것은 아닌지, 고객사 인맥은 긴밀하게 유지하고 있지만 제품 기술의 가치를 고객에게 제대로 전달하는 역량이 부족한 것은 아닌지…… 자신의 업무를 냉정히 평가하면서 부족한 부분을 개선하려는 노력을 게을리해서는 안 된다.

자신에게 부족한 업무 역량을 인지하고 현장에서 지속적으로 보완해나가려는 자세가 무엇보다 중요하다. 그런데 사실 현장에서 경험적으로 배우는 데에는 한계가 있기 때문에 일상에서 어떻게든 시간을 만들어서 지속적인 배움을 실천해나가야 한다. 지금은 법적으로 주 52시간 근무제도가 정착되지 않았는가. 바야흐로 샐러던트(saladent)의 시대가 도래한 것이니 이를 받아들이고 잘 활용할 수 있어야 한다. 필자 역시 현업에서 기술영업을 수행하면서 업무 역량을 강화하기 위한 배움의 길을 꾸준히 걸어오고 있다. 특히 기술영업에서는 다양한 국가의 고객을 만날 수 있고 외국어는 고객사와의 원활한 의사소통을 위한 중요한 도구이기 때문에 외국어 습득에도 힘쓰고 있다. 입사 후 줄곧 영어를 익혔고 중국 지역에서의 기술영업을 위해 중국어를 배웠으며, 3년 전부터는 일본어를 공부해오고 있다. 아울러 매주 2권의 책을 꾸준히 읽고 있는데 독서는 사고를 확장시키고 깊이를 더할 수 있다는 면에서 모든 직장인들에게 필요한 활동이라 여겨지며, 다양한 분야에 대한 역량과 통찰력이 필요한 기술영업인들에게는 더더욱 도움이 되리라 생각된다.[3]

기술영업인으로서 배움과 업무를 병행하기로 작정했다면 (모든 기술이 급격하게 변화하고 있는 기하급수 시대를 맞아) 무엇이 이 시대를 이끌어가는 핵심 동력인지를 인지하고 그에 대비하는 삶을 살아

---

3 이 얘기를 듣고 어떤 이들은 '어떻게 무슨 책을 읽든 기술영업에 도움이 될 수 있는가?' 하고 반문할 수도 있다. 이 질문에 대해서는 미국의 다국적 지주회사 버크셔 해서웨이(Berkshire Hathaway Inc.)의 부회장인 찰리 멍거(Charlie Munger)가 강조하는 '격자틀 정신 모형'이 해답이 될 수 있다고 생각한다. 격자틀 정신 모형의 핵심은 다양한 분야의 지식을 자신만의 격자틀 형태로 머릿속에 정리해놓고 필요할 때 창조적으로 융합하고 통섭해내는 것이다. 이는 앞서 기술영업인에게 필요한 업무 능력으로서 강조했던 통찰력을 발현하게 하는 핵심 역량과 궤를 같이 한다.

나가길 바란다. 미래의 변화를 이끌어갈 핵심 기술로 많은 전문가들이 인공지능, 자율주행, 5G, 3D 프린팅, 블록체인, 가상·증강 현실을 꼽는다. 우리는 이 6가지 핵심 기술에 대해서 내재화하고 시대의 변화를 제대로 감지하여 이 기술들이 시장에 가져올 파괴적 혁신에 대비해야 할 것이다. 기하급수적인 기술 변화를 맞닥뜨려야 하는 오늘날, 기업 경쟁에서 살아남기 위해 우리가 경계해야 할 내부의 최대의 적은 현재의 성공에 도취되어 지나온 길만 되풀이하려는 매너리즘, 파괴적 혁신을 일으킬지도 모르는 신기술을 간과하고 수동적으로 대처하려는 자세, 현실에 안주하려는 태도이다. 지금 우리 기술영업인들에게 필요한 것은 부단한 학습을 통해 길러지는 통찰력과 융합적 사고, 기존의 틀을 넘어서려는 미래지향적인 마인드이다.

한편, 이렇게 일과 학습을 병행하면서 개개인의 기술영업 역량을 향상해나간다 하더라도 결국 시간상의 한계에 부딪치기 마련이다. 배움은 장기 레이스인 데 반해 능력은 지금 당장 필요하기 때문이다. 그러므로 우리는 다양한 주변 사람들의 능력을 활용할 줄도 알아야 한다. 예를 들어, 특정 프로젝트에 대한 기술적인 전문성이 자신에게 부족할 때는 고객 미팅 시에 전문 기술 인력을 동행해서 대응할 수 있다. 또 협상 기술이 부족하다고 생각되면 노련한 협상가인 동료에게 조언을 구할 수도 있다. 외국 고객사의 프로젝트를 진행하는데 언어 실력이 부족하거나 고객사 관련 정보가 부족하다면, 해당 고객사와 업무 경험이 있는 동료나 파트너사 담당자에게 도움을 구할 수 있을 것이다. 중요한 것은 각각의 프로젝트를 진행하는데 필요한 핵심 역량이 무엇인지를 제대로 파악하고, 자신에게 무엇이 부족한지를 아는 것이다. 그런 다음 주변 사람들의 협력을 이끌어내서 자신의 부족한 역량을 메꾸면 된다. 부족한 부분에 대해 도움을 받는 것은 부끄러운 일이 아니고 흠이 되는 것도 아니다. 부족한 것을 모르거나, 알면서도 개선하려는 의지를 보이지 않는 것이 가장 큰 문제다.

2-2 인맥 관리도 장기 레이스로 하라

B2B 기술영업은 기업 대 기업의 거래이지만, 그 속을 보면 결국 사람 대 사람의 거래이기도 하므로 인간관계로 인해 파생되는 변수가 많다. 때로는 이러한 변수로 인해 기술영업을 제대로 수행했음에도 불구하고 예상했던 긍정적 결과를 얻지 못하는 경우도 있다. 결국 B2B 비즈니스도 인간관계를 떠나서는 생각할 수 없는 것이다.

B2B 영업은 장기 레이스이다. 오랜 시간 인맥을 다지고 영업의 기반을 형성해가야 한다. B2B 기술영업에 신입사원으로서 첫발을 들였다고 가정해보자. 고객사에도 이러한 신입사원들이 있을 것이다. 하지만 당신이 만나는 고객사의 핵심 인물은 보통 상급자이지 신입사원들은 아닐 텐데, 그렇다고 고객사 신입사원이 중요하지 않다고 경시한다면 큰 오산이다. 결국 시간이 흘러 그 신입사원들도 핵심 인물이 되는 순간이 올 것이기 때문이다. 장기 레이스인 B2B 영업에서는 인간관계도 시간과 공을 들여서 형성해나가야 한다. 만일 신입사원 시절부터 고객사 신입사원과 친밀한 관계를 맺고 업무를 통해 신뢰를 쌓아나간다면, 서로가 상급자로 성장했을 즈음에는 매우 강력하고 끈끈한 인맥이 형성될 것이고 이는 분명 업무에 긍정적

영향으로 작용할 것이다.

나를 포함해서 고객사 직원들도 상황에 따라서 이직을 할 수가 있는데, 이때에도 공들여 닦아놓은 인간관계는 일의 실마리를 풀거나 관계를 확장하는 데 좋은 밑거름이 될 수 있다. 한때 A고객사 담당자였던 사람이 훗날 B고객사의 담당자가 될 수도 있고 또는 경쟁사의 직원이 될 수도 있다. 이처럼 비즈니스 상황은 달라질 수 있기 때문에 우리는 장기적인 안목을 지니고 자사와 연결되어 있는 모든 고객사의 인맥을 꾸준히 세심하게 관리해야 한다.

"Jack of all trade가 될 B2B 기술영업인들을 응원합니다!"

글을 마치며 다시 강조하게 되는 점은 'B2B 기술영업의 길은 장기 레이스'라는 것이다. 멀고 험난한 여정이지만 제대로 맥을 짚고서 한 걸음씩 전진하다 보면, 어느새 우리는 B2B 기술영업에 있어서 'Jack of all trade'라고 불리는 위치에 선 자신을 발견할 수 있을 것이다. 그리고 험난한 길을 거쳐 이룩해온 모든 것들은 업무 경쟁력으로 바뀌어 B2B 기술영업 전선에서 개인 역량의 희소성을 높여주는 튼튼한 진입장벽이 되어줄 것이다.

글을 마치는 시점에서 필자가 쓴 내용을 다시 돌아보니 집필 초기에 머릿속에 그렸던 부분에 미치지 못하는 것 같아 아쉬움이 남는다. 현장에서 경험한 에피소드가 많지만, 필자가 현업에 종사하고 있기 때문에 구체적으로 소개하는 데 제약이 있었다. 그러나 B2B 기술영업을 수행하는 데 이것만은 꼭 필요한 내용이다, 꼭 알려주고 싶다는 내용들은 대부분 빼놓지 않고 다루어서 그 점은 후련하다.

현업에 종사하면서 책을 쓴다는 것은 상상도 못하던 일이다. 글을 쓸 능력이 안 되는 것은 물론이고 시간도 턱없이 부족하기 때문에 엄두를 내지 못했다. 그런데 결국 '책을 쓰는 것은 불가능하다!'에서 '나도 쓸 수 있겠다!'로 180도 생각을 바꾸고 실천할 수 있었던 데에는 든든한 동료로서 필자를 지지해주고 적극적으로 동기 부여를 해준 조경식 박사의 공이 크다. 조경식 박사에게 심심한 감사의 말을 전하고 싶다. 또 필자가 책을 쓰는 동안 업무를 대신 분담해준 팀원들에게도 무한한 고마움을 전한다. 아울러, 책을 쓰겠다고 두문불출했던 필자를 이해해주고 200% 지원을 아끼지 않았던 사랑하는 아내와 아이들에게 고맙고 미안하다는 말을 전하고 싶다.

끝까지 읽어주신 독자분들에게도 진심으로 감사드린다. B2B 기술 영업인 파이팅!

2020년 9월

김용